100 FRAGMENTOS DEL MUNDO CLÁSICO

DAVID HERNÁNDEZ
DE LA FUENTE

100 FRAGMENTOS DEL MUNDO CLÁSICO

DEL MITO A LA HISTORIA

Ariel

Primera edición: noviembre de 2024

Diseño de maqueta de Irene Mármol

Avda. Diagonal, 662-664, 08034 Barcelona
Editorial Ariel es un sello editorial de Planeta, S. A.
www.ariel.es
www.planetadelibros.com

ISBN: 978-84-344-3809-5
Depósito legal: B. 17.905-2024

Impreso en España

Para Alejo, desde los orígenes

ÍNDICE

A modo de prefacio, p. 11

55 MITOS DE LA HISTORIA, *p. 17*

4 SEPTENARIOS MÍTICOS, *p. 77*

7 Ciudades del mito a la historia, *p. 79*
7 Avances míticos de la arqueología, *p. 97*
7 Gobernantes de la historia al mito, *p. 115*
7 Filosofías clásicas para el mundo de hoy, *p. 137*

17 MIRADAS CONTEMPORÁNEAS
AL MITO Y AL MUNDO CLÁSICO, *p. 153*

Un final abierto, p. 223

Bibliografía citada y general, p. 227

A MODO DE PREFACIO

La relación entre mito e historia, o, dicho de otra manera, entre la leyenda y los hechos verificables con pretensiones científicas, ha sido siempre controvertida: de suerte que casi cabría hablar de una historia mítica paralela a la gran historiografía. Es la historia de las leyendas, los rumores, los hábiles relatos de la propaganda que han jalonado las apasionantes peripecias de los pueblos. La historia nace en la Antigüedad con la figura clave de Heródoto —el inventor del género historiográfico, que escribe reuniendo informaciones de diversas fuentes para evitar que los hechos significativos caigan en el olvido— y con su sucesor Tucídides —el verdadero creador de un método histórico-crítico, que separa las causas aparentes y las profundas, e investiga la motivación y fiabilidad de las fuentes—, como es bien sabido. Pero en el proceso de narrar la historia también entra en juego la memoria colectiva, que en ocasiones prefiere recordar el rasgo pintoresco, la anécdota, la leyenda o el dato colorido: la percepción de los hechos cambia en la subjetividad del que los narra oralmente, del que los consigna por escrito o del que los recuerda tras haberlos experimentado. La gran Historia con mayúscula, con su pretensión de registro memorable de los hechos más importantes, convive en su relato, presidido por el *logos*, con ciertas historias con minúscula, pero no por ello menos importantes, relatos menores, anécdotas, opiniones y cuentos que rozan de cerca el discurso y el pensamiento en torno al *mythos*. Y es que lo mítico puede ser la más poderosa herramienta para la narrativa y, a la par, una interesante arma de propaganda política. Por eso la historia está plena de profecías, orígenes legendarios, hallazgos oportunos e interesados de tumbas, tesoros perdidos o manuscritos reencontrados que aparecen en un momento clave para la etnogénesis, la secesión, los cambios de dinastía, las transformaciones económicas y sociales, o la legitimación del poder.

Me interesa detenerme de forma preliminar en el «padre de la historia», como definió Cicerón a Heródoto de Halicarnaso, pues su aproximación al hecho histórico es clave aquí. Su personal crónica de los enfrentamientos entre griegos y persas incluye también numerosas digresiones, en forma de historias legendarias o notas curiosas sobre un lugar, un pueblo o un personaje, que casi lo asemejan a un etnógrafo, un filósofo o un reportero de la historia, como recordaba Ryszard Kapuściński. Tiene ciertas resonancias épicas y la fascinación que transmite por los grandes personajes, casi míticos, como el inefable Cambises o el soberbio Darío, del lado persa, o los inolvidables Temístocles o Leónidas, del griego, se pueden comparar a la epopeya homérica. Y no se ciñe solo a los acontecimientos —como Tucídides en la guerra del Peloponeso—, sino que ofrece su propia cosmovisión, que interpreta el sentido del devenir humano y en la que se aprecia cierta influencia de la tragedia y su particular percepción de las relaciones entre el hombre y la divinidad, así como la presencia de la sombra del destino implacable y la desmesura de ciertos personajes casi de tragedia, como Creso o Jerjes. Pero, además, en este nacimiento de la historia, lo mítico deja huella en su gusto por la narrativa popular, de atractivos tonos novelescos, con cuentos de amor, traición o ambición tan inolvidables como el relato de Giges y Candaules.

Este «padre de la historia» fue considerado durante muchos años también «padre de la mentira» o, como diríamos hoy, de la desinformación. Su sucesor Tucídides, en efecto, querrá corregir la visión mítica de Heródoto, y con ello sentará las bases de una historiografía más racionalista, que fue ensalzada por otros historiadores frente al modelo más creativo de Heródoto, que fue tachado de falsario y filobárbaro, entre otras cosas, por autores posteriores. Hay algunos bustos bifrontes de la Antigüedad que representan los rostros de Heródoto y Tucídides, cada uno mirando hacia un extremo, simbolizando sus dos métodos opuestos. Pero Heródoto recuperó mucho favor del público lector, y de ilustres comentaristas, a partir del Renacimiento, justo en la época del encuentro con América, y posteriormente con los viajes de la Ilustración, como bien recordó Tzvetan Todorov. Tal vez ayudara a ello el carácter literario de su historia, imbricada en las estructuras de la gran comedia humana: amor, celos, traiciones, venganzas y pasiones en un marco histórico. Es una aproximación inspiradora para las páginas que siguen.

Pero hay otro acercamiento complementario, que surge sobre todo en la época posterior, la del helenismo, y que se basa en el pequeño detalle, la anécdota, la recopilación de curiosidades. Se relaciona con el afán erudito y curioso que surge al amparo de la famosa Biblioteca de Alejandría, donde, a partir del siglo III a. C., los investigadores elaboran un enorme y ambicioso catálogo para ordenar el mundo conocido. Entre otras cosas, se elaboran listas, enumeraciones, catálogos y resúmenes plagados de historias curiosas y divertidas. Así, en este libro, que quiere evocar anécdotas y perfiles en miniatura de la gran historia de la Antigüedad, la otra gran referencia que se ha de mencionar de forma introductoria es la aproximación representada sobre todo por un autor bastante posterior a la biblioteca, pero que bebe en parte de su espíritu. Este es el polígrafo y ensayista Plutarco de Queronea, ya de época romana.

Plutarco fue autor de muy variada obra literaria, desde sus *Vidas paralelas* de hombres ilustres griegos y romanos a su interesantísima colección de *Obras morales y de costumbres*, en las que habla de astronomía, ciencias naturales, crítica literaria, religión o mitología. Para nuestro interés destaca por su invención de la biografía, género que, en sus manos, se asemeja a un retrato al fresco de estilo impresionista, entre historia y mito, confeccionado a partir de pinceladas diversas, gestos, palabras, guiños o señales que perfilan un carácter. El cuadro biográfico se recrea en el detalle, pues «la manifestación de la virtud o maldad no siempre se encuentra en las gestas más famosas, sino que, por el contrario, frecuentemente una acción insignificante, una palabra o una humorada dan mejor prueba del carácter que las batallas en que hay millares de muertos, impresionantes despliegues de tropas y sitios de ciudades [...]. Pues igual que los pintores tratan de captar las semejanzas en el rostro y en las expresiones de los ojos en las que se manifiesta el carácter, sin preocuparse prácticamente de las demás partes, así también a nosotros se nos ha de permitir que penetremos con preferencia en las señales del alma» (*Vida de Alejandro*, I, 1,3).

Gran parte de lo que hemos recibido del mundo antiguo sigue precisamente esta conjunción de elementos legendarios y detalles anecdóticos que la tradición recoge. Por ello, procede evocar aquí también la incidencia de esta pequeña historia en la reminiscencia colectiva, en una suerte de memoria cultural, como ha señalado Jan Assmann. Tal es la manera en la que, en suma, hemos recibido las historias de griegos y romanos, en esa suerte de educación sentimental que es la tradición del mundo clásico, con su anecdotario lleno de destellos memorables.

En esta aproximación soy deudor de una visión semejante, entre la evocación de las digresiones de Heródoto, el detallismo plutarquiano y la distinción psicológica entre memoria e historia: no me importa tanto que la anécdota sea histórica o no si puede desvelarnos algo de la mentalidad de un personaje o de una época que el frío dato positivista omite y, sobre todo, por lo que nos dice de la manera en que hemos recibido y rememorado la Antigüedad en la posteridad. Pues la historia es hija de la memoria, también en la mitología, como Clío lo es de Mnemosine, a la sazón madre de todas las Musas.

Mito e historia, memoria y crónica, detalle y cuadro general. No es tan fácil siempre trazar la línea divisoria. Este pequeño libro, compuesto de una serie de miniaturas, pretende transitar por la delgada línea roja que separa cada una de estas esferas. He reunido estas pequeñas piezas procedentes de diversas líneas de investigación anteriores en torno a dicha frontera, a modo de teselas de un gran mosaico, como variaciones sobre un mismo tema y con el *leitmotiv* de las señales, gestos, anécdotas, frases o momentos anotados en los márgenes de la gran historia, pero indisociables de ella y que, en ocasiones, pueden decirnos mucho del mundo antiguo, del que somos émulos, deudores y ávidos lectores.

A modo de presentación, este libro reúne, en su primera parte, 55 breves mitos de la historia, episodios controvertidos, anécdotas o curiosidades a menudo mencionadas y discutidas sobre el mundo grecolatino que se han transmitido desde la Antigüedad al temprano Medievo, con especial énfasis en su recepción y en su relevancia para la historia de nuestra cultura. Esta primera parte recoge breves artículos en los que, a modo de improvisado catálogo personal, se han ido recopilando en varias etapas de escritura anterior algunos de estos casos que se sitúan en los márgenes de la historia con mayúsculas.

En una segunda parte, se presentan en cuatro grupos de siete —número mágico y poderoso donde los haya— algunas figuras, historias, temas y lugares que hicieron grande la historia mítica de la Antigüedad y su recepción, tanto en la historiografía como en la literatura, el estudio de la cultura material o simplemente en la historia de la cultura. Haciendo un juego con las unidades de tiempo que se recogen en cada epígrafe, los he dado en llamar «septenarios»: cada grupo hace referencia a siete casos mitificados en el tiempo y a cómo los hemos recibido desde la memoria de las edades pasadas. Con un ánimo más bien catalógico y descriptivo, en primer lugar, reúno siete grandes ciudades míticas, ejemplos de civilizaciones modélicas y añoradas, que se perdieron en la Antigüedad y se recuperaron modernamente, y cuya leyenda ha perdurado casi por encima de los datos históricos. A continuación, como contraparte más positivista y centrada en lo que se conoce como ciencias de la Antigüedad, se propone un recorrido por los avances más significativos de la arqueología en el conocimiento de nuestro pasado más remoto, presentando una selección de los siete desarrollos, entre hallazgos y arqueólogos, más significativos de la historia. En tercer lugar, se seleccionan, como tránsito entre lo antiguo y lo moderno, otros siete ejemplos, esta vez de personajes clave de la política clásica y de sus postrimerías: reyes fundadores, caudillos providenciales, generales sin par y constructores de imperios que quisieron dominar el mundo siguiendo una inspiración única y marcaron un modelo de propaganda mítica. En el último epígrafe de esta parte, expongo un rápido florilegio de los siete filósofos del mundo antiguo —o, más bien, de las siete filosofías— que transformaron su época y que más relevantes son para nuestros días.

Para concluir, una tercera parte ofrece diecisiete ejemplos variados de actualidades del mito vistos desde la cultura contemporánea, en la política, en la sociedad o en las artes: en una aproximación final, con un tono más literario y evocador, se pretende ejemplificar la actualidad de los mitos clásicos y la historia antigua como marco de narrativa, pensamiento y comprensión global para el individuo y el colectivo aún en nuestro tiempo.

Por supuesto, no son sino breves y subjetivos retazos de un repertorio evanescente, siempre necesariamente incompleto, que he ido componiendo sin pretensión de exhaustividad durante la pasada década. Todo movido por un afán divulgativo en un libro que, ante todo, quiere resultar sugerente y recrear la atmósfera casi legendaria que rodea estos ejemplos y su perenne actualidad. Pienso en lo mucho que les gustaban a los antiguos estos elencos, a los que se dedicaron con fruición los eruditos de la biblioteca y el museo de Alejandría —los nueve líricos y oradores, los siete sabios, los tres trágicos e historiadores…—, entre el afán de realizar un *ranking* literario y canónico, a la par que un divertimento académico. Valga este libro como pequeño homenaje personal a estas antiguas listas numéricas de los sabios helenísticos —en una cifra completa que, esta vez, suma el centenar exacto—, recopiladas de varias fuentes y que se han realizado siempre pensando en resultar atractivas para la lectura ocasional. Con esta selección de temas, motivos, lugares y personajes, y siempre a través de breves pinceladas, espero transmitir al lector cierta curiosa fascinación por estos mitos y por estas historias variadas, reparando ante todo en la importancia que tienen en nuestra recepción de la Antigüedad y de las grandes directrices que marcan sus narrativas más insospechadas.

55 MITOS
DE LA HISTORIA

Akenatón

La curiosa figura del faraón Amenofis IV, más conocido como Akenatón, que reinó a mediados del siglo XIV a. C., ha llevado a una serie de especulaciones acerca de su figura que van más allá de los datos históricos que se tienen sobre su reinado y sobre la espectacular reforma religiosa que implantó al proclamar a un dios de cuño renovado, de nombre Atón, ya no como deidad suprema o superior, sino como única divinidad posible. Como esta reforma suele ser considerada el primer ejemplo de monoteísmo de la historia, hay teóricos que han especulado con algunas conexiones entre esta reforma de Akenatón y ciertas tradiciones religiosas semíticas del temprano judaísmo. Se ha llegado a sostener, de forma poco verosímil, que el dios único al que se refieren los teónimos judíos Yahvé, Elohim y Adonai podrían tener una conexión con Atón. También hay quien ha aludido a los paralelos de la religión solar de Atón, la ciudad sagrada de Akenatón ('horizonte de Atón') y la propia figura del faraón como mediador divino, profeta y portavoz de la nueva divinidad, que participa de lo divino y que es superior al resto de los mortales, tiene con el cristianismo. Pero, como ha señalado el arqueólogo D. B. Redford, no hay ninguna prueba que permita hablar de ningún tipo de precedente al respecto. En todo caso, esta reforma religiosa tuvo en su momento una gran relevancia política por la transformación de la figura del gobernante en un mediador con lo divino, y tendría otras interesantes influencias, pese a que fue una experiencia que no sobrevivió a su fundador. Desde luego que los paralelismos mencionados entre el monoteísmo precursor de Akenatón y los posteriores son evocadores y no hacen sino acrecer el mito de este faraón místico. Sus dimensiones legendarias, derivadas también de la reforma en la iconografía que se produjo en su época, siguen ejerciendo una notable fascinación entre los forjadores de mitos de la historia.

Zoroastro

La existencia histórica de Zoroastro, el mítico fundador de la religión profética irania que lleva su nombre —una de las más antiguas del mundo—, está envuelta en leyenda. Su biografía está casi exclusivamente compuesta por elementos míticos y se basa en lo que se sabe a través de sus himnos, como las alusiones personales en los Gathas, y en una tradición biográfica muy dudosa. Incluso se cuestiona la cronología de su vida, entre el primer milenio y el siglo VI a. C., y el hecho de que hubiera sido una o varias personas, en una sucesión de sacerdotes. Parece que nació como miembro de una casta sacerdotal y que su padre era un noble, Pourusaspa. En la tradición se casó con Huvovi y tuvo tres hijos y tres hijas, que se convirtieron a su religión profética tras recibir su iluminación de parte de Zoroastro. Poco más es lo que se sabe del fundador: parece que fue expulsado o rechazado por muchos de sus contemporáneos y seguramente sus enseñanzas provocaron la oposición de la casta sacerdotal de su época. Se dice que murió asesinado en Baikh (actual Afganistán) a los setenta y siete años mientras realizaba un sacrificio en un altar. Pero todos estos datos quedan bajo sospecha y entran en las categorías de la narrativa folklórica y de los arquetipos de los cuentos populares que han estudiado repertorios como el de

Aarne-Thompson-Uther. El número de hijos e hijas, el aprendizaje y las enseñanzas del maestro mítico y otras señales son marca del sabio legendario del folklore y han hecho dudar a algunos estudiosos sobre la existencia real de Zoroastro. Su figura, gracias a la extraordinaria difusión de su religión a partir de la Persia aqueménida y, posteriormente, de la sasánida, contribuyó a engrandecer aún más su halo legendario. En la posteridad occidental, Zoroastro ha seguido representando ese arquetipo del sabio oriental, como se ve en el Sarastro de la *Zauberflöte* de Mozart, con sus resabios iniciáticos, o en el renovador Zaratustra de Nietzsche.

Mitra y el mitraísmo

«Mitra, dios de la mañana, nuestras trompetas levantan el muro. / Roma gobierna las naciones, pero tú gobiernas sobre todo.» Así recrean los versos de *Un himno a Mitra*, de Kipling, los cánticos de una legión romana al misterioso y resplandeciente Mitra. El poderoso Mitra, simbolizando el Sol Invicto, fue acaso la divinidad más popular del imperio tardío, un dios persa que, tras su mestizaje helenístico, cruzó las calzadas de todo el territorio romano extendiendo su mensaje iniciático de salvación. Mitra era en su origen una antigua divinidad indoirania de los pactos y la lealtad, citada en textos sagrados del Oriente. En la India, era uno de los principios soberanos del universo. Hay incluso un himno dedicado a él en el Rig-veda. Su contrapartida en el politeísmo iranio era una poderosa y antiquísima divinidad solar, de la luz y la verdad. Tras la gran reforma religiosa de Zoroastro, con Ahura Mazda como dios celeste del bien, el papel de Mitra sería el de vigía y guerrero del bien. Mitra es el ojo que todo lo ve desde el firmamento. En el Avesta, Ahura Mazda le dice a Zoroastro que él creó a Mitra «digno de alabanzas» como él mismo. Mitra también existe en la mitología china, donde se le llama «el amigo» y se le representa como un jefe militar, valedor del hombre en esta vida y protector suyo en la otra. Pero la gran expansión mundial de Mitra llegaría más adelante, en época helenística y romana, llegando a poblar incluso el lejano Occidente hispano de mitreos. Desde los reyes grecopersas de Comagene y desde Antíoco I, el culto de Mitra resultó enriquecido por las doctrinas filosóficas y científicas de los griegos. Luego, las legiones romanas extendieron por todo el imperio el culto de Mitra, convertido en dios principal de una nueva religión mistérica de mitología antigua, astrología oriental y orientación posteriormente henoteísta y neoplatónica.

Pitágoras

El famoso Pitágoras de Samos (c. 570-c. 490 a. C.) fue mucho más que un matemático, como una serie de fuentes tardías se ha empeñado en hacerlo pasar a la posteridad. Son enormes las implicaciones de este personaje y de sus doctrinas para la historia de las ideas, sobre todo en el ámbito de la religión y la ética, como se desprende ya de sus críticas presocráticas. En sus biografías legendarias, Pitágoras parece un ser a medio camino entre los hombres y los dioses, un Prometeo que acerca a los mortales el fuego de la sabiduría. La astronomía, la filosofía, la retórica, la política, la adivinación, la medicina. Nada escapa a este sabio primordial al que la opinión común atribuye un famoso teorema, las escalas musicales y algunas ideas sobre el movimiento de los astros. Hay quien recuerda también que adoptó una idea que ha revolucionado a la humanidad: la de la inmortalidad del alma (y su consecuencia inmediata, la vida tras la muerte y la reencarnación). Y quien añade que fundó un estilo de vida basado en una estricta ascesis y en doctrinas secretas y purificadoras. De este filósofo legendario se cuentan muchas leyendas, recogidas en sus fantásticas biografías a cargo de los neoplatónicos Porfirio y Jámblico, que lo convierten en un ser sobrenatural. Un portento que marcaba su carácter sobrehumano era su misterioso muslo de oro, que mostraba en ocasiones singulares a otros sabios o sacerdotes, y que todos interpretaban como señal de divinidad. Al verlo, el chamán Abaris el Hiperbóreo no dudó en identificarle con el propio Apolo, al que a veces se atribuye la paternidad legendaria del célebre Pitágoras. Una de las máximas pitagóricas era: «¿Quién eres, Pitágoras?». Y muchos, al ver su muslo de oro, decían que era el propio Apolo Hiperbóreo. Además de esta anécdota, la biografía de Pitágoras posee todos los rasgos que caracterizan al hombre divino, lo que llama la atención al tratarse de un personaje al que se suele recordar como el padre de la tradición matemática y filosófica. Su vida está marcada por las señales de esos «filósofos chamanes» que, en palabras de Mircea Eliade, abundaron en la Grecia arcaica durante el momento fundacional del pensamiento en Occidente.

Solón

En un cierto momento del siglo IV a. C. se quiso hacer remontar los orígenes de la democracia ateniense no a las reformas de Clístenes en 507 a. C., sino a una figura más legendaria y prestigiosa, Solón de Atenas (c. 638-558 a. C.). Solón encarnaba el arquetipo del sabio de la Grecia arcaica, en una época, entre los siglos VII y VI a. C., en que las diferentes *technai* o facetas del saber estaban entremezcladas. En primer lugar, se le considera un importante político que fue designado legislador (*nomothetes*) y mediador (*diallaktes*) entre las clases sociales de Atenas en un momento de crisis. Las leyes que promulgó Solón mejoraron la justicia social y posibilitaron el acceso de otras clases ajenas a la nobleza al gobierno de la ciudad. En segundo lugar, se conservan poemas compuestos por Solón en los que destaca por ser uno de los más brillantes líricos griegos, como sus elegías sobre Salamina o sobre el buen gobierno. Pero es su tercera faceta la que termina por dotar a este personaje de toda su fascinación, pues la leyenda dice que fue uno de los míticos Siete Sabios de Grecia, cuyas máximas tenían un lugar de honor en el templo de Apolo en Delfos. Se convirtió incluso en protagonista de episodios literarios memorables, como su encuentro con el rey Creso, narrado por Heródoto, o su entrevista con el sacerdote egipcio, contada por Platón. No es de extrañar que, en un momento de tribulaciones políticas importantes, los ciudadanos atenienses quisieran situar a este personaje como el fundador de su sistema de gobierno participativo: la democracia. Aunque esto no fuera del todo cierto, se trataba de una mentira piadosa para prestigiar el régimen ateniense.

La Pitia de Delfos

El legendario templo de Apolo en Delfos albergaba el santuario oracular más famoso de la Antigüedad, situado en el centro espiritual y cultural del mundo griego. Cuando el consultante, tras cumplir todos los requisitos previos, llegaba al interior del templo, el *adyton*, se encontraba allí con la Pitia, sacerdotisa de Apolo, que era poseída por el dios para dar la respuesta a las preguntas mediante una suerte de trance. Ya en la Antigüedad se discutió sobre la naturaleza de este éxtasis profético y se plantearon una serie de teorías sobre el origen de la inspiración de la Pitia. Según un mito, transmitido por Diodoro y Plutarco, dicha inspiración provenía de una grieta en el suelo, bajo el trípode sobre el que se sentaba, que emitía un vapor, vaho o espíritu (*pneuma*). Cuenta la leyenda que fue un pastor quien, en el lugar donde luego se construiría el templo, había descubierto las propiedades de este vapor, que intoxicó a sus cabras y luego a él mismo, haciéndole ver el futuro. Históricamente ha habido muchos intentos de explicar este éxtasis por el recurso a sustancias psicoactivas, por ejemplo, en la ablución ritual de la Pitia en la fuente Casotis, pues en la mayoría de los oráculos el profeta o la profetisa bebía agua, y a veces incluso sangre. Otros autores sitúan la causa en el trípode o en el laurel ritual, consagrado a Apolo, que la Pitia masticaba junto con una miel tóxica. Como decía el poeta Calímaco: «La Pitia en el laurel se instala, profetiza gracias al laurel y sobre el laurel se apaga». Otras explicaciones antropológicas a la enajenación de la Pitia recurren al hipnotismo y a la sugestión. Pero últimamente la teoría de los gases en el subsuelo del templo ha cobrado fuerza desde que una investigación geológica encargada en tiempos recientes por el Gobierno griego señaló la existencia de una falla con etileno. Sigue siendo un mito de la historia la inspiración de inconexos vaticinios de la Pitia, que eran interpretados oportunamente por un grupo de sacerdotes y aprovechados políticamente por la potencia de turno en la Grecia antigua.

Falsos oráculos

Los oráculos fueron en la Antigüedad griega una eficaz arma en manos de los poderosos para ejecutar sus designios o difundir su propaganda. Un ejemplo claro es el santuario de Apolo en Delfos, cuya consulta era clave para obtener el beneplácito de la esfera de lo divino en la política interior o exterior. Pero, aparte de los grandes santuarios, los gobernantes contaron también con la ayuda de expertos en profecías y adivinos ambulantes, que abundaron en la Grecia antigua. Tal es el caso de Onomácrito, que vivió a caballo entre finales del siglo VI y principios del V a. C., antes de la época de las guerras médicas (en las que Delfos, por cierto, desempeñó un papel determinante con sus oráculos sobre la invasión persa, que tuvieron gran efecto en la política ateniense). Onomácrito fue un experto compilador de oráculos que trabajó para Pisístrato, tirano de Atenas. Entre su programa propagandístico, que incluía la promoción de las bellas artes, este tirano, junto con sus hijos, impulsó la compilación definitiva y edición de los poemas homéricos, así como una colección de la poesía sagrada tradicional que circulaba en Grecia, atribuida a poetas legendarios. Heródoto nos narra que para ello Pisístrato requirió los servicios de un tal Onomácrito, un erudito sin escrúpulos. Y es que este no dudó en incluir falsificaciones de su invención, así como interpolaciones en los poemas homéricos y en los oráculos del mítico poeta Museo a favor de Atenas y de los Pisistrátidas. Sin embargo, sus falsificaciones fueron detectadas por el poeta Laso de Hermíone, por lo que lo acabaron expulsando de la corte de los tiranos de Atenas. Su actuación posterior, en la corte de los monarcas de la Persia aqueménida, animó al rey Jerjes a impulsar su campaña contra Grecia. Onomácrito es un buen ejemplo de un falsario al servicio del poder que inventaba o intercalaba sus versos propagandísticos recubriéndolos en la envoltura de autores míticos o prestigiosos.

Medicina mítica

La ciencia médica hunde sus orígenes míticos en la antigua Grecia, entre un dios y un personaje semilegendario, Asclepio e Hipócrates. Veremos en breve algunas características de ambos que luego quedaron incluidas en la historia de la medicina. Según la mitología, Asclepio nació de Apolo y Corónide, una princesa tesalia que, habiendo quedado embarazada del dios, se prendó de un mortal. Apolo fue advertido de esta traición por un cuervo —que en la época era un ave de color blanco— y tras sorprender a la joven la quemó viva en venganza (huelga decir que el castigo para el portador de malas noticias fue volverse una negra ave de mal agüero). Mientras el cuerpo de Corónide ardía en la pira, Apolo arrancó de su seno a su hijo niño, vivo aún, y lo crio. El niño, de nombre Asclepio, fue educado por el sabio centauro Quirón, que le enseñó el arte de la medicina, en la que avanzó tanto que llegó a asustar a los propios dioses. El joven médico desafió las leyes de la naturaleza y resucitó a un muerto, por lo que Zeus, como castigo y para salvaguardar el orden, lo mató con su rayo. Luego fue divinizado como dios de la medicina, barbado y sonriente, sentado en un trono y con un báculo en torno al cual se enrosca una serpiente. Ese es el animal que simboliza la resurrección de la que habla el mito y que aprendió a practicar. Patrón de todos los médicos de la Grecia antigua, Asclepio tuvo tres hijas, Higiea, Panacea y Yasó (nombres parlantes que significan algo así como la «Saludable», la «Remediadora de Todo» y la «Curadora»). Fue especialmente venerado en santuarios como Cos o Epidauro: los devotos de su culto en esos lugares creían que se les aparecía en sueños, al dormir en sus templos, y les revelaba las más eficaces curas y recetas para sus enfermedades. Prueba de ello es el discurso que le dedica un hipocondríaco sofista del siglo II, Elio Arístides, con el registro de sus sueños. Además, numerosas inscripciones y exvotos hallados en templos suyos como el de Epidauro son testigos de estas curaciones míticas de la historia de la medicina.

Hipócrates

Aunque ha pasado a la historia como el primer médico que rechazó los elementos sobrenaturales y religiosos, la medicina griega tiene en la figura de su fundador, Hipócrates de Cos (c. 460-370 a. C.), algunos de los rasgos más claros de la leyenda del hombre divino. En general, se habla de él como del fundador de la teoría humoral en la que se basaba la antigua idea griega de la salud, entre el equilibrio y el régimen de vida moderado, como estudió Laín Entralgo. Pero, aunque fue un personaje histórico al que se puede atribuir una obra real, su figura fue enormemente mitificada. Se le consideraba descendiente del dios Asclepio y su tradición biográfica está plagada de detalles mágicos y sorprendentes. Hay una serie de textos apócrifos relacionados con él, vidas, cartas y discursos, que llaman enormemente la atención. Si bien su figura fue ensalzada por Platón como uno de los Asclepíadas, ya en los primeros siglos de nuestra era, las legendarias *Vidas de Hipócrates* le convertían en un modelo de filantropía y atribuían un carácter semidivino al padre de la medicina antigua. Hay noticias de que los habitantes de Cos hacían ofrendas el día de su aniversario como si de un héroe tutelar se tratase. Galeno, el sabio médico que vivió en la época de Marco Aurelio, se refiere a sus dichos como a las palabras de un dios y puede decirse que su figura pasó por un proceso de deificación a lo largo de los siglos, como señala O. Temkin. Algún epigrama se refiere a él como el sanador divino (Peán), con el mismo término o sobrenombre que se usa para el gran dios Apolo y para su hijo Asclepio, divinidad de la medicina. Hay indicios de que su figura y la del dios Asclepio quedaron en algunos momentos entrelazadas, siendo difícil distinguir entre mito e historia. Su propia obra atribuida, el llamado *Corpus Hippocraticum*, es un curioso conglomerado de unos setenta tratados médicos de diversa índole que no pueden considerarse escritos por una misma mano. Seguramente se trata de una serie de libros médicos de época posterior, y dan fe del carácter de la escuela que se formó en torno a la figura semilegendaria del gran fundador de la medicina antigua, Hipócrates de Cos.

La mirada de Heródoto

Heródoto de Halicarnaso (484-425 a. C.) es el primer historiador de todos los tiempos. Este magnífico hombre de letras fue el cronista de las guerras médicas. Pero la historia, como se encarga de recordarnos su obra, es algo más que una fría enumeración o un catálogo. Comprende también las inquietudes intelectuales, espirituales y artísticas de los hombres: las emociones que han hecho vibrar y ponerse en movimiento a los pueblos, las grandes obras de arte, las corrientes de pensamiento y el sentir religioso, en un género que trasciende por necesidad el mero registro historiográfico e incluye la antropología, la etnografía y la crónica de viajes en lo general, tanto como la vista particular, en forma de anécdotas, digresiones y costumbres. Sobre la imparcialidad de Heródoto, pues, cabe dudar bastante, ya que sus intereses son también literarios y en parte religiosos. Heródoto, que vivió en la era de Pericles, representa el mundo de los persas y el de los griegos como concepciones político-culturales claramente perfiladas, e incluso como categorías geopolíticas antagónicas. Como estudió Hartog, en la visión de los otros pueblos —escitas, egipcios o persas— que ofrece el historiador griego se ve también reflejada la propia opinión de sí mismos que tenían los griegos. Y, sin embargo, sus páginas destilan admiración y fascinación también por la alteridad, muchas veces más prestigiosa o añeja, de los otros pueblos. Lejos de su obra, en los escritores del siglo IV a. C. se difundirá una imagen altamente chovinista que ensalzaba la civilización griega frente a la oriental, motejada de decadente. En este contexto se concibe el prototipo del bárbaro para designar a aquellos pueblos que no pertenecían al ámbito cultural griego. Pero la visión de amplias miras de Heródoto tuvo una serie de detractores ya desde la Antigüedad: Tucídides impugnó su manera de escribir historia y Plutarco criticó su parcialidad. A esto siguió un cierto descrédito de su método histórico, y los historiadores preferían seguir al racionalista Tucídides. Pero en el Renacimiento, desde que, a instancias del papa Nicolás V, el humanista italiano Lorenzo Valla (1407-1457) realizara su célebre traducción al latín y el poeta Matteo Maria Boiardo (1441-1494) vertiera al italiano las *Historias*, Heródoto recobró el favor del público. Para los amantes de la literatura no importa tanto su imparcialidad como sus bellas narraciones sobre países exóticos —Egipto, Escitia, Libia, etc.—, que alentaron las ansias de aventura de los lectores de los siglos XV y XVI, en cuanto tuvieron acceso a la obra del historiador y viajero griego.

Tucídides el ateniense

Tucídides (c. 460-396 a. C.) se distancia de su antecesor Heródoto y se esfuerza en subrayar el carácter de «lo no mítico» (*to me mythodes*) con el que pretende revestir a su *Historia de la guerra del Peloponeso*, sin duda el primer modelo historiográfico con pretensiones epistemológicas de verdad perdurable para las generaciones venideras. Así se vio en el positivismo histórico del siglo XIX, y en los diversos historiadores posteriores a Tucídides, como Polibio o Tácito, que prefirieron a Tucídides y su pretendida imparcialidad ante Heródoto, al que consideraban demasiado subjetivo o literario. Tucídides está muy lejos de su predecesor y marca sus distancias como cima de la historia científica, crítica y política en la Antigüedad. Señalemos su característico pensamiento pesimista y su búsqueda racional de las causas de las acciones humanas (y su distinción de los pretextos), junto con su honda reflexión sobre el poder. Se refleja en esta nueva filosofía de la historia la retórica sofística, que impulsará la prosa historiográfica en la segunda mitad del siglo V a. C. dotándola de una estructura más compleja y de una capacidad de análisis científico más profunda. Tucídides se encuentra enmarcado en la sofística e influido por ella, en una prosa acreedora de la retórica y a la que debemos esa exactitud quirúrgica que es propia de su estilo. Tucídides quiere escribir para la eternidad, extrayendo lecciones que tengan una validez universal, y logra un relato exhaustivo y metodológicamente admirable de un conflicto puntual, pero demuestra nuevamente la limitación teórica que implica el acto de narrar hechos históricos: su *Historia de la guerra del Peloponeso* está circunscrita a un ámbito sociocultural determinado, a una cosmovisión propia de su época, a una corriente de pensamiento, y se enmarca en una filosofía de lo particular. Desde luego, y pese a lo sublime de su prosa y su proyecto, la ideología profundamente oligárquica de Tucídides y su crítica a la democracia ateniense lo alejan mucho de la idea moderna de imparcialidad: con todo, sigue siendo un testigo de excepción de la época que le tocó vivir y ha sido modernamente reivindicado como fino analista político de los conflictos inevitables en el plano internacional.

La historia global: Polibio

Una gran figura de la historiografía teórica antigua es sin duda Polibio de Megalópolis (203-120 a. C.). Este gran historiador, émulo de Tucídides en cuanto a pretensión de imparcialidad, veracidad y rechazo de elementos divinos en la historia, y también en su distinción de causas y pretextos, avanza teóricamente como testigo de una época de cambios en la concepción de una historia global. Es el primero que ve una interconexión o correlación geopolítica de los acontecimientos en ambos extremos del mundo conocido. Además, Polibio reflexiona a menudo sobre el oficio de escribir historia. No en vano se puede recordar lo que de él dijo Ortega y Gasset: que Polibio fue seguramente «la cabeza más clara de historiador o, si se quiere, de filósofo de la historia que produjo el mundo antiguo». En efecto, su obra historiográfica ha sido recuperada modernamente, por ejemplo, por la historia estructural, que la ha usado como modelo teórico. Supone una revolución metodológica que empequeñece la historia parcial de sus predecesores. Su obra se basa en una continua concatenación de causas y efectos, pues para Polibio «no hay nada de lo que debamos estar tan pendientes y buscar de tal manera como las causas de todo suceso que ocurre», y teoriza en varias ocasiones sobre lo que implica «escribir historia universal»: en efecto, desde Polibio, la historia se orienta hacia lo universal, no solo en cuanto al ámbito geopolítico que se trata, sino también en lo tocante a la teorización de sus interpretaciones con un alcance válido para siempre. Pero, como en todo historiador clásico, cabe repetir la pregunta: ¿se le puede considerar imparcial? El caso de Polibio es particular: al tiempo que proporciona un panorama de todo el escenario político de su época buscando las causas intrínsecas en el desarrollo de la historia, acredita el ascenso de Roma a la hegemonía universal sin que pueda disimular su admiración por la joven potencia que dominará el mundo.

La nostalgia de Tácito

El historiador romano Publio Cornelio Tácito (c. 55-c. 120), acaso el mayor prosista latino de la edad de plata, fue admirado por el doble filo de su obra: el estilo inimitable y la altura intelectual de sus consideraciones históricas. Tiene fama de severo y de imparcial en sus juicios, de valorar a los emperadores *sine ira et studio.* Pero Tácito, cronista de los terribles años de Nerón y Domiciano, era un amante de las viejas libertades. En sus dos grandes obras históricas, las *Historias* y los *Anales*, que han llegado hasta nosotros incompletas, Tácito intuyó sabiamente que el tiempo de la República nunca volvería y que lo más deseable era ya una equilibrada combinación entre autoridad y libertad, personificada en príncipes como Trajano, el emperador bajo cuyo reinado floreció su obra historiográfica. Como gran intelectual de su época trató de esbozar un credo político que combinara las añoradas bondades del gobierno republicano y la estabilidad y fortaleza del mando unipersonal que ya estaba instalado en el Imperio romano. Un exceso de autoritarismo —bien lo sabía Tácito— podía engendrar tiranos como Tiberio o Calígula, pero la anarquía republicana había conducido a la discordia civil. Por último, su visión de futuro le hizo dedicar otra obra a un pueblo joven y arrollador que habría de marcar el destino inmediato del imperio: los germanos. Pese a ser un realista político, Tácito no podía evitar cierto moralismo en sus juicios: su nostalgia de los viejos y buenos tiempos en los que la oratoria y la historia podían volar libremente al amparo de un régimen republicano idealizado pesan quizá demasiado para considerarle enteramente imparcial. De lo que no cabe ninguna duda es de su maestría como escritor, realmente incomparable, y de la forma eminentemente literaria en que construye su historia, como sucede a menudo con la historiografía antigua. Muchas son las evocaciones ensayísticas de su figura, pero me quedo sin duda con la novela que quizá mejor supo captar su esencia, *El largo aliento,* de Juan Luis Conde.

Heracles en España

El héroe griego Heracles, Hércules para los latinos, simboliza, desde antiguo, la figura del hombre que alcanza la divinización por sus gestas y sus trabajos sobrehumanos. Es puro anhelo de trascendencia: el ser humano siempre tratando de superar sus límites. Un mortal hijo de dios, en cuyas brillantes hazañas se mezcla la fuerza y la astucia, que acaba ascendiendo al cielo tras grandes proezas. Tres de sus famosos doce trabajos habrían tenido lugar, según el mito, en el lejano Occidente, en la Hesperia o Iberia, donde los antiguos griegos situaban el límite del mundo conocido: el robo de los rebaños del rey Gerión, el descenso al Hades para atrapar al Can Cerbero y la toma de las manzanas del jardín de las Hespérides. Sus andanzas por estos lares fueron pronto reivindicadas por la monarquía hispánica y por sus propagandistas desde la Edad Moderna, sobre todo a raíz del llamado «tubalismo», una corriente que surge de las mistificaciones de Annio de Viterbo y que, en su afán por reivindicar la antigüedad del reino de España, recogen algunos cronistas de los Austrias. Hércules, del lado grecorromano, y Túbal, del bíblico, son los dos grandes patriarcas míticos de las Españas. Y es que la relación simbólica del héroe griego con España se ve en la propia delimitación de los espacios físicos de la monarquía mediante sus fundaciones legendarias, desde las Columnas de Hércules (en Gibraltar) —el lugar del *non plus ultra*—, la puerta del Hades (en el río Tinto) o la Torre de Hércules en La Coruña, el fin del mundo. Luego se atribuyó a Heracles incluso la fundación de la Universidad de Salamanca, en cuya fachada figura y de la que se dice que el propio héroe guardó en sus cimientos las siete artes liberales. Al fin, el emblema del emperador Carlos V, y más tarde de la monarquía hispánica, hizo uso de las míticas columnas de Hércules con el *plus ultra* de la conquista americana. La presencia de Heracles en España es, en fin, un gran mito de la historia.

La traición de Pausanias

En la historiografía de la Grecia antigua hay determinados bulos o sospechas que corren como la pólvora entre diversos autores y compiladores de anécdotas o biografías, y que se refieren al carácter venal de algunos personajes célebres de la época de las guerras greco-persas, más conocidas por la denominación tradicional de guerras médicas (c. 499-449 a. C.). El general espartano Pausanias, sobrino del rey Leónidas y brillante militar que derrotó a los persas en la batalla de Platea (479 a. C.) y encabezó la Liga Helénica contra los persas, se hizo sospechoso a los ojos de su ciudad-Estado, y de los magistrados inspectores (*ephoroi*) que se encargaban del funcionamiento de las tradicionales instituciones espartanas, de conspirar con el enemigo. Hay quien aduce que fue la envidia por sus dotes de mando —no estaba, sin embargo, en la línea sucesoria real— lo que provocó que fuera llamado a Esparta. En otro lance, la toma de Bizancio, también se le achacó un trato de favor a prisioneros propersas. Parece que deseaba emparentar con la familia real persa, a través de una boda con la hija de Jerjes, y que incluso adoptó las costumbres y vestimenta de su corte. Sin embargo, no llegaron a reunirse pruebas concluyentes de que hubiera colaborado con el enemigo (esta acusación, como veremos, se repite a menudo en la historia griega con grandes figuras objeto de envidias y controversias), pese a que parece que hubo una carta sospechosa que revelaba sus planes. Los éforos se valieron de esta prueba para tratar de arrestarlo, pero Pausanias, refugiándose en el templo de Atenea, se acogió a sagrado. Su muerte fue horrible, porque, al no poder apresarlo, sitiaron el santuario para que muriera de hambre. Sin embargo, no pereció allí, pues no podían permitirse que el templo quedara mancillado por el miasma de una muerte: esperaron hasta que hubo desfallecido por el hambre y justo antes de morir le sacaron del recinto sagrado.

Edad de oro

«Dichosa edad y siglos dichosos aquéllos a quien los antiguos pusieron nombre de dorados, y no porque en ellos el oro, que en esta nuestra edad de hierro tanto se estima, se alcanzase en aquella venturosa sin fatiga alguna, sino porque entonces los que en ella vivían ignoraban estas dos palabras de tuyo y mío.» En el célebre discurso a los cabreros, don Quijote de la Mancha refiere así el mito de la edad de oro, y lo hace con cierto sabor utópico, como un mundo perfecto del pasado en que no existía la propiedad privada y los hombres encontraban comida y bebida sin necesidad de trabajar. Este mito ha quedado grabado en el imaginario colectivo, con la idea de un pasado edénico y feliz tras el cual hemos ido degenerando en diversas razas hasta llegar a nuestra calamitosa época. Los orígenes del mito de las edades se encuentran en las mitologías orientales: por ejemplo, se recoge en la *Bhagavad Gita* y en el *Bhagavata Purana* de la antigua India, donde nuestra edad es el Kali Yuga. Pero fue el poeta griego Hesíodo el que lo consagró para nuestra tradición en su obra *Trabajos y días*. El prestigio de la edad de oro reside en que, según una versión del mito, ese tiempo pasado está destinado a volver para algunos felices mortales. Así, en la política antigua, lo usaron tanto poetas como filósofos y gobernantes. Platón, en las *Leyes*, alude al gobierno ideal, y diversos dirigentes, desde el griego Pisístrato al romano Augusto, utilizaron políticamente este *leitmotiv* para sus programas de gobierno. En la historia de las ideas la edad de oro ha pasado a ser una evasión del espíritu que evoca aquel ámbito remoto —en el tiempo o en el espacio— en que los hombres vivían sin temor a la muerte, entre abundancia de alimentos y placeres, justicia igualitaria y eterna juventud.

El dios abandona a Antonio

Hay una leyenda de la historia —acaso una hermosa o piadosa mentira— que se cuenta en el episodio final de la guerra civil romana que enfrentó a Octavio, el futuro Augusto, al audaz Marco Antonio (83-30 a. C.). Tras la batalla de Actium, vergonzosamente perdida por Antonio, este y su amada Cleopatra VII se habían refugiado en Alejandría. Cercados por el ejército de Octavio y en vísperas del asalto final, la noche del 31 de julio del año 30 una tensa calma se había apoderado de todos los barrios de la ciudad, como refiere Plutarco. Antonio y Cleopatra, los ciudadanos alejandrinos y los soldados romanos esperaban el inminente desenlace al asedio. El escritor Plutarco narra una anécdota fascinante sobre aquella noche —que ha inspirado a Constantino Cavafis un memorable poema titulado «El dios abandona a Antonio», y a Terenci Moix una entrañable novela— y que dice así: «Se cuenta que en medio de aquella noche, cuando la ciudad era presa del mayor silencio y consternación, entre el temor y la esperanza de lo que iba a pasar, se oyeron de repente los ecos musicales de diversos instrumentos y el griterío de una multitud con cantos y bailes báquicos, como si pasara un tíaso de bacantes, y que este clamor se movió como desde el medio de la ciudad hacia la puerta que conducía al campamento enemigo y, saliendo por ella, se desvanecía el bramido, que había sido muy audible. A los que dan crédito a estas cosas les pareció que era una señal para Antonio de que era abandonado por aquel dios a quien siempre intentó parecerse y de quien era especialmente devoto». Ese dios, por supuesto, era Dioniso, y seguía un viejo patrón mítico según el cual los dioses abandonaban a sus favoritos cuando estaban a punto de ser derrotados. Antonio se suicidó la mañana siguiente, la del 1 de agosto del año 30 a. C., en una sombría Alejandría.

Las últimas palabras de César

Seguramente no hay episodio histórico más mitificado que el asesinato de Gayo Julio César (12 o 13 de julio de 100 a. C.-15 de marzo de 44 a. C.). La muerte del poderoso general y político romano, convertido en dictador, justo en su camino hacia el poder absoluto conmocionó a la República romana, que ya languidecía en sus últimos años de violencia y discordia civil en pos de un poder unipersonal que no tardaría en llegar. La muerte de César dejó una enorme huella política que supieron aprovechar de diversa manera personajes clave del momento como Cicerón, Bruto, Antonio y Octaviano (el futuro Augusto), y que habría de llevar al final a un cambio de régimen. Ese asesinato, modelado por los conspirados sobre la leyenda del tiranicidio ateniense contra los Pisistrátidas, dejó un importante legado cultural pero también una fecunda leyenda. Las fuentes antiguas y la bibliografía moderna han discutido cuál fue el desarrollo de los hechos aquel fatídico día de los idus de marzo del 44 a. C. y, sobre todo, cuáles fueron las últimas palabras de César. Parece que, al llegar este al Senado, el senador Tilio Cimbro, rodeado de conspiradores, se presentó ante él para pedirle que le perdonara el exilio a su hermano. Cuando César le apartó, Cimbro agarró su túnica y, según Suetonio, César respondió en latín: «¿Qué violencia es esta?». El conspirado Servilio Casca sacó a relucir su puñal y César logró asirle del brazo diciendo, según Plutarco: «¿Qué haces, malvado Casca?». Acto seguido los conspirados apuñalaron brutalmente a César, incluso después de que se hubiera desplomado. Se le atribuye una última frase dirigida, en griego, a su hijo adoptivo Bruto: «¿Tú también, hijo?». La obra de Shakespeare *Julio César* popularizó estas últimas palabras, pero la mayor parte de los autores antiguos, como Suetonio o Plutarco, indican que, en realidad, el gran general no dijo nada al caer. Seguramente solo suspiró con resignación.

Hermes el mediador

En la civilización griega, Hermes es el dios intermediario por excelencia. Mercader, viajero, ladrón, traductor, *trickster* y astuto negociante. Mayordomo privado de Zeus para asuntos delicados, en los que la razón de Estado requiere tacto y sutileza, pronto fue un mito muy usado políticamente. Hijo de Zeus y la ninfa Maya, vuela velozmente por todo el mundo como mensajero de los dioses, es el patrón de los heraldos, los embajadores, los mensajeros, los comerciantes y también de los ladrones. Su presencia en la poesía y en la tragedia es muy señalada, donde representa la voz del poder en negocios de diversa naturaleza. Hermes es el dios que viene y va, el que viaja por los confines del mundo: también es el que cruza los umbrales. Tanto es así que otra de sus funciones es guiar a las almas en el último viaje, la travesía que las llevará al tenebroso Hades. Por eso, uno de los epítetos de Hermes es «conductor de almas» o *psicopompo*, pues pastorea las procesiones de las almas de los muertos. Él es el dios del límite: no en vano, las lindes de los caminos en la antigua Grecia iban flanqueadas por bustos con la imagen del dios, llamadas hermas. En 415 a. C. la democracia ateniense se tambaleó, en plena guerra del Peloponeso, por el escándalo de la mutilación de las hermas en la víspera de que partiera la arriesgada expedición a Sicilia encabezada por Alcibíades: se acusó a este *enfant terrible* de la democracia ateniense de tal acto de sacrilegio (y portador de mala suerte, como pronto verían los atenienses en Sicilia), que fue seguramente una conspiración oligárquica. Por lo demás, Hermes es el dios de los traductores y los intérpretes (o hermeneutas). También conducía a la novia de casa del padre a la del marido, como dios de los umbrales. Una faceta más tardía y oscura es la de dios de la magia y el «hermetismo»: todo lo hermético causará gran fascinación desde la Antigüedad tardía y el Medievo hasta el Renacimiento.

Prometeo el demiurgo

Una de las leyendas más difundidas entre diversos pueblos sobre la creación de los seres humanos otorga al dios hacedor, al demiurgo o artesano del cosmos, un papel casi artístico al modelar o esculpir en diversos materiales a los hombres, normalmente a su imagen y semejanza o siguiendo un modelo determinado. Hay un mito griego menos conocido que los que sobre la creación del universo y de las diversas estirpes humanas recoge Hesíodo, pero que se parece mucho al relato del Génesis, especialmente en cuanto a la creación del hombre. En efecto, pese a que otros mitos narran diversos orígenes de la humanidad, como el mito de las edades, y hay leyendas griegas de autoctonía en las que los hombres crecen del suelo (*spartoi*), de los árboles, de animales o insectos, se cuenta también que el famoso Prometeo, titán filántropo, fue el escultor del hombre y de la mujer. Parece, pues, que este titán rebelde —a quien Zeus castigó por haber favorecido a la humanidad con el fuego— habría modelado a uno y otra a partir de un puñado de barro, como si de un alfarero se tratase. El viajero Pausanias, en su *Descripción de Grecia*, ya en época romana, cuenta que en cierta aldea todavía se podían ver, como atracción turística, los pedazos de arcilla sobrantes que Prometeo dejó tras su labor. Pero quizá la recreación más hermosa de esta leyenda es la que recoge el fabulista Esopo en una simpática versión moralizante: «Prometeo, por órdenes de Zeus, modeló a los hombres y a las bestias. Pero Zeus, como viera que los animales, privados de razón, eran mucho más numerosos, le ordenó que hiciera desaparecer a algunas de las bestias y las volviera a modelar como humanos. Y éste cumplió el mandado, y de ello resulta que los que fueron hechos a partir de aquéllas, son humanos en cuanto a la forma, pero animales en cuanto al alma. La fábula se aplica a los hombres torpes y bestiales».

La muerte de Filipo II

Después de las expediciones militares de Filipo II de Macedonia (382-336 a. C.) a través de la península de los Balcanes, sus tropas acabaron enfrentándose finalmente a las de la coalición ateniense y tebana en la batalla de Queronea. La victoria de Filipo, que le convirtió en *hegemon* o caudillo de toda Grecia, significaba en la práctica el fin de la independencia de las ciudades-Estado griegas. Filipo se había erigido en el gran defensor y valedor del oráculo de Delfos, con el objetivo de manipular políticamente este santuario tan relevante para las relaciones entre las ciudades griegas. En esto seguía de cerca la tradicional estrategia de las potencias que habían sido predominantes en los años anteriores, sucesivamente Atenas, Esparta y Tebas, en cuanto a controlar el santuario oracular, sus prestigiosos juegos y sus pingües rentas. A partir de Filipo, y lejos de su relevancia en la Grecia antigua, el oráculo de Delfos fue abandonando progresivamente el centro de la escena política y perdiendo sus funciones sociopolíticas hacia un predominio de lo literario y lo religioso. Pero, irónicamente, cundió una leyenda acerca de que Filipo, después de lograr la hegemonía política, encontró la muerte precisamente por malinterpretar un oráculo. En la cima de su ambición, y según una cierta historia, el rey macedonio le preguntó al oráculo de Delfos si tendría éxito en sus planes de conquistar Persia. A esto el dios respondió: «El toro está engalanado. Todo está listo para el sacrificio. El oficiante está preparado». Filipo lo tomó como señal de éxito y se dispuso a celebrarlo. Mas ese toro no era otro sino él mismo. Murió asesinado a manos de Pausanias en plenos festejos por la boda de su hija en 336 a. C. Pero las causas reales que esgrimen los historiadores son otras: se dice que el asesino había sufrido una ofensa por parte de los seguidores de Atalo, suegro del rey, o bien que había sido amante del propio rey. Incluso se apunta a una conspiración de su hijo Alejandro, el gran beneficiado por su muerte. El caso sigue siendo debatido por la crítica moderna.

Zenobia de Palmira

Se cuenta que era una belleza de piel morena y ojos penetrantes y con una inteligencia fina y cultivada, capaz de entenderse con los filósofos en griego, con los juristas en latín y con los antiguos sacerdotes en sirio y egipcio. Se jactaba de proceder de la estirpe de los reyes helenísticos de Egipto y su familia había obtenido la ciudadanía romana hacía una generación. Había escrito incluso una *Historia de Oriente* no exenta de altura literaria bajo la égida de su maestro, el filósofo y literato Casio Longino, a la sazón su consejero áulico. Y también estaba dotada de una astucia política y de una capacidad de persuasión excepcional. Así era Zenobia de Palmira (c. 240-c. 274), la reina que puso en jaque durante largo tiempo la soberanía de Roma sobre Oriente en el siglo III. Eran tiempos convulsos, en plena recesión económica en el imperio tras algunos años de calamidades sin cuento en todo Oriente, como la célebre peste antonina y una serie de levantamientos militares. Hay historiadores que relacionan la crisis del siglo III incluso con un cierto cambio climático provocado por un enfriamiento del medio ambiente. Comoquiera que sea, Zenobia aprovechó un escenario de crisis generalizada del imperio para crear un dominio, extenso pero fugaz, desde el Asia Menor a Egipto. Los emperadores Galerio y Claudio Gótico tuvieron que ceder, pero el emperador Aureliano emprendió una feroz campaña bélica contra ella —dicen que en su transcurso se destruyó parte de la Biblioteca de Alejandría— hasta derrotarla en 272 y enviarla como rehén a Roma. La pista de la fascinante Zenobia se pierde entonces. Hay quien dice que acabó sus días felizmente en una villa romana como una filósofa de la alta sociedad. Su mito, y la leyenda de su belleza y sabiduría, han perdurado hasta hoy en rincones insospechados. Volveremos a ella...

Grecia no era tan blanca

Tradicionalmente se ha pensado en una Grecia de blancas estatuas y columnas de mármol, con la perspectiva de un clasicismo que no es sino una de las muchas relecturas que hemos hecho de la Antigüedad, la más influyente en nuestra época, pero no la única. Los neoclásicos, como Winckelmann, idealizaron esa imagen de Grecia como origen de Occidente con rectas líneas arquitectónicas, proporcionadas estatuas blanquísimas y una serenidad de mirada vacía. Hoy sabemos que no era así: la imagen sin policromía del arte clásico no es sino una construcción ideológica ligada al clasicismo alemán, un programa imitativo, como en la célebre obra de Winckelmann *Reflexiones sobre la imitación de las obras griegas en la pintura y la escultura* (*Gedanken über die Nachahmung der griechischen Werke in der Malerei und Bildhauerkunst*, 1755) que luego adaptaría a la literatura y la filosofía el clasicismo alemán de Weimar. El modelo de imitación para la arquitectura y estatuaria europea se consolidó sobre estas bases: Parlamentos, columnatas, bustos y edificios representativos de todas las capitales europeas han seguido este ideal de la blanca Grecia: no hay más que dar un paseo por nuestras ciudades. Sin embargo, siglos después, y tras años de trabajo sobre la escultura antigua, en 2003 la Gliptoteca de Múnich presentó los resultados de la investigación llevada a cabo entre otros por el arqueólogo Vinzenz Brinkmann, que demostraban la manera en que los artistas griegos de la época clásica pintaban las estatuas de mármol y decoraban sus templos más conocidos. Así nació la exposición que, bajo el título *Bunte Götter*, 'Dioses en color', ha sido presentada desde entonces en otros museos de todo el mundo. Los resultados fueron ciertamente sorprendentes y han cambiado de forma drástica la idea que tenemos del arte griego antiguo. Se ha restituido el color de la blanca Grecia, que no era tal.

El cadáver de Teseo

La mitología puede ser una poderosa arma de propaganda política, sobre todo a la hora de crear una conciencia nacional. La historia está plena de hallazgos oportunos e interesados de tumbas, tesoros o manuscritos producidos en un momento clave para la legitimación del poder. Buen ejemplo de ello es el caso de Teseo, el vencedor del Minotauro, que pronto pasó a encarnar las virtudes del pueblo ateniense: muchos son los trabajos mitológicos sobre Teseo, en especial valiosos los de la llamada «escuela de París», y podemos recordar novelas como las de Mary Renault y Óscar Martínez. Es un héroe clave del imaginario jónico. Antes del siglo V a. C. existía un ciclo épico de este héroe del que pronto se apropiarían los atenienses para presentarlo como rey mítico, pacificador y civilizador. En la época de expansión política y militar de Atenas, antes de la guerra del Peloponeso, la puesta en escena de este uso político del mito fue el hallazgo del supuesto cadáver del héroe y su traslado a la ciudad. Cimón, político y estratego conservador, fue el artífice de esta operación. Un oportuno oráculo délfico instó a Atenas a recuperar el cadáver de Teseo, que murió, según una leyenda, en la isla de Esciros, un lugar muy interesante para la estrategia ateniense. Allá fue Cimón con sus tropas (que de paso se hicieron con la isla) y, siguiendo una señal divina, encontró un esqueleto enorme y lo llevó a la *polis* para enterrarlo con honores. Hay otros ejemplos del uso del cadáver del héroe tutelar en momentos clave, como el de Orestes en Esparta. Recuérdese también el hallazgo en Glastonbury de los restos del rey Arturo en la Inglaterra de Enrique II o del sepulcro del visigodo Witiza en la Galicia del XVII. La operación de traslado de los restos del héroe comunitario se corresponde a su vez con un esquema clásico de la mitología y la antropología, y con una función de propaganda del mito, como demuestra la mudanza del cadáver de Napoleón desde Santa Elena a París por parte de Luis Felipe de Orleans en un momento de afirmación nacional o, más recientemente, el solemne regreso de los huesos de Federico el Grande a Potsdam en 1991, tras la reunificación de Alemania. Huelga decir que leyenda y política siguen hoy indisolublemente unidas.

La Atlántida

Uno de los mitos más evocadores de la historia gira en torno a la existencia de la legendaria Atlántida —isla de Atlas—, supuestamente situada justo enfrente de las Columnas de Hércules. La cita el filósofo Platón en sus diálogos *Timeo* y *Critias*, compuestos en torno al 360 a. C., donde dice que «era más grande que Libia y Asia juntas» y que sobre ella reinaba «una confederación de reyes, de grande y maravilloso poder, que dominó toda la isla y otras muchas también». La describe como una poderosa ciudad-Estado llena de magníficos monumentos y rodeada de círculos concéntricos de agua. El *Timeo* cita a la Atlántida para referirse a las civilizaciones más remotas de la Antigüedad, tras hablar de la creación y de la estructura del universo. Hay que relacionar a esa ciudad fabulosa con el marco de reflexión platónico acerca de la sociedad ideal que se describe, por ejemplo, en la *República* (380 a. C.). La Atlántida aparece contrapuesta a la antigua Atenas, una sociedad modélica. Al final, después de un intento fallido de invadir Europa, que conjura la antigua Atenas, la Atlántida se hundió en el océano en un solo día y una noche como producto de lo que, por la forma en que está descrito, parece un maremoto. Huelga decir que la alusión platónica ha devenido uno de esos mitos de la historia, entre intentos más o menos esotéricos por localizar la isla desde antiguo: algunos la identifican con la antigua Tarteso y sostienen que se encuentra en el sur de la península ibérica, otros la sitúan en las Canarias y se cuentan todo tipo de fantasías sobre lo que, en principio, no parece sino uno de tantos mitos filosóficos y propedéuticos en el marco del pensamiento platónico. Seguramente la Atlántida solo existió en la cabeza del más brillante y recordado de los filósofos griegos. Aunque sus postrimerías míticas han dejado larga huella en el imaginario occidental.

La novela de Alejandro

Más allá de su fascinante peripecia histórica, Alejandro Magno es célebre por haber protagonizado lo que puede entenderse como el «kilómetro cero» de la narrativa patrimonial más pura, en la invención de una de las novelas pioneras de la historia. El último de los géneros que inventaron los griegos tiene en la fabulosa *Vida de Alejandro* del Pseudo-Calístenes uno de sus ejemplos más singulares. En esta novela, el monarca macedonio protagoniza aventuras sin par en las que, para explorar lo desconocido, desciende a las profundidades del océano o se eleva por la bóveda celeste llevado por animales fantásticos. Otras veces conversa con los ascéticos brahmanes o con árboles y aves parlantes, y conoce a seres monstruosos a los que luego confinará tras un muro, más allá del mundo civilizado. Esta novela griega del Pseudo-Calístenes, con sus varias recensiones antiguas entre el siglo III y el siglo V, es la fuente de las traducciones posteriores (especialmente influyentes son las versiones intermedias latinas, armenias y sirias hacia diversas lenguas de Oriente y Occidente, desde el francés al persa). Aquí se nos presenta a un Alejandro muy diferente al personaje histórico, hijo del mágico faraón

Nectanebo merced a un enredo entre erótico y sobrenatural, que corre inefables aventuras siguiendo el esquema histórico ya conocido —sí, con sus batallas y sus campañas—, pero trufado de episodios fantasiosos y con una composición y una estructura que hace pensar en una especie de «evangelio» alejandrino —de hecho, tras la Biblia, será el libro más traducido—, con su héroe, su traidor, sus hechos, sus dichos y su muerte. Así pues, larga es la sombra del mito de Alejandro.

Darío, el último aqueménida

El paso por la historia del rey persa Darío III (c. 380-330 a. C.) está marcado por su enfrentamiento de tintes semilegendarios con Alejandro Magno en las batallas de Iso y Gaugamela. Las fuentes que han transmitido cómo fue la actuación del rey en ambas batallas y las que hablan de su muerte humillante, mientras huía lejos de su corte para escapar de Alejandro, a manos de dos lugartenientes traidores, mezclan propaganda promacedonia y mito político a partes iguales. Lo que sabemos de Darío está muy mediatizado por su comparación con Alejandro, como se puede apreciar en el conocido mosaico que representa a ambos monarcas en lucha desigual en el Museo Arqueológico de Nápoles. Alejandro, con mirada firme, avanza decidido mientras Darío hace un gesto desesperado y parece emprender la huida. Poseemos escasas noticias del persa frente a la multitud de fuentes —aunque tardías y distorsionadas, como las ofrecidas por Diodoro, Plutarco o Arriano— que nos hablan de Alejandro. El ascenso al poder de Darío está ligado al asesinato de Artajerjes III (338 a. C.) por parte del eunuco Bagoas. Darío, sátrapa de Armenia y miembro de la dinastía aqueménida, era un hábil estadista y supo prevalecer tras el vacío de poder e imponerse al breve interregno de Arses. El primer enfrentamiento con Alejandro será en otoño de 333 a. C. en la batalla de Iso. Las fuentes hablan de que los macedonios eran inferiores en número y dicen que el movimiento envolvente de tropas de Alejandro, y su audaz ataque al corazón persa, donde estaba Darío, precipitó la huida de este y la victoria de aquel. Dos años después (331 a. C.)

se repite el esquema en la llanura de Gaugamela, en una lucha que es descrita casi igual, de forma contaminada. A eso se añade lo caballerosamente que se porta Alejandro con la familia de Darío y sus sentidas palabras ante la muerte oprobiosa del persa. ¿Mito o realidad?

La primera filósofa

Mujer y filosofía antigua no parecen a primera vista conceptos fácilmente compaginables, a tenor de las opiniones un tanto misóginas de los dos grandes pensadores griegos, Platón y Aristóteles (aunque el primero las atenuara un tanto en las *Leyes*), y teniendo en cuenta la exclusión general de las mujeres de los ámbitos decisorios de la Grecia antigua. Y, sin embargo, mucho antes del nacimiento de aquellos pensadores hay constancia de la posible importancia de las mujeres en una escuela filosófica presocrática que dejó honda huella: el pitagorismo. De hecho, la primera filósofa que se conoce es Téano de Crotona, una pitagórica a la que menciona por primera vez Dicearco en la segunda mitad del siglo IV a. C., aunque pronto las fuentes la convertirían en esposa del propio Pitágoras de Samos, el fundador de la escuela y del modo de vida ascético en comunidad que lleva su nombre. Según cierta tradición, ella fue una de las mujeres de Crotona que, fascinadas por la aparición de Pitágoras y su primer discurso a su llegada al sur de Italia alrededor del año 530 a. C., dejaron atrás su vida cotidiana y le siguieron para formar parte de su *hairesis* o secta filosófica. Las fuentes tardías, como los neoplatónicos Porfirio o Jámblico, afirman que Téano tuvo algunos hijos con Pitágoras, como Telauges, Miía y Damo. Se cuenta que Téano incluso dejó una obra escrita, lo que es ciertamente muy curioso si se piensa que Pitágoras es conocido por no haber escrito nada, pues su sabiduría pertenecía plenamente al mundo de la oralidad. En todo caso, en la posteridad Téano personificó, como figura semilegendaria, la sabiduría y la virtud femeninas en el círculo de los antiguos pitagóricos, filósofos a medio camino entre la ciencia, la religión y la medicina. Se conservan algunos otros textos sobre temas filosóficos y una colección de dichos atribuidos a Téano —en traducción siríaca de un original griego probablemente de época imperial romana— de los que se sospecha evidentemente que son falsos.

Hiparquía la cínica

La «secta del perro», parafraseando el título de Carlos García Gual sobre la escuela cínica, es uno de los episodios más fascinantes de la historia de la filosofía antigua y de la historia antigua en general. Crates, Antístenes o Diógenes practicaron, más que una filosofía, un *bíos* o modo de vida, en lo que constituyó casi un movimiento contracultural *avant la lettre.* Sus chocantes actuaciones en el espacio público —para *épater* al ciudadano de la *polis*— son legendarias, pero… ¿hubo mujeres en este círculo? Sabemos que sí: Hiparquía de Tracia, que vivió a mediados del siglo IV a. C., ha pasado a la historia como miembro de la escuela cínica. Era hermana del filósofo Metrocles y formaba parte del Liceo aristotélico, y se cuenta que se enamoró del conocido cínico Crates, por entonces un anciano. Crates trató de convencer a Hiparquía de que no era oportuno que una joven hermosa deseara unir su vida a la de él. Sin embargo, Hiparquía perseveró más allá de todo lo esperado, sin duda por amor a la filosofía. Se cuenta que ambos consumaron su matrimonio en la plaza pública, siguiendo el modelo de Diógenes y, por ende, cumpliendo la *anaideia* o desvergüenza que se esperaba de la escuela cínica. Parece que Hiparquía tuvo un hijo llamado Pasicles, y, entre las obras que se le atribuyen, hay noticia de una colección de epístolas sobre máximas dedicadas a asuntos femeninos. Se recuerda alguna acerca del embarazo y la crianza de los hijos y, por ejemplo, uno de los textos atribuidos a Hiparquía afirma que pudo dar a luz sin problemas porque continuó trabajando intensamente, «como si fuera un atleta», durante el embarazo. Por último, otro pasaje menciona el uso de un caparazón de tortuga como cuna y que bañaba al bebé con agua fría, todo en la línea de la frugalidad ascética que caracterizaba a la escuela cínica. En general, aunque la tradición literaria recoge noticias sobre filósofas, pintoras y oradoras griegas, hay que decir que, lamentablemente, las fuentes apenas han transmitido nada sobre sus obras.

Leontio la epicúrea

Con el advenimiento de las monarquías helenísticas, tras la muerte de Alejandro y la partición de su reino, los hasta entonces estrechos horizontes del mundo griego de las *poleis* se ensancharon para siempre. Varias filosofías hicieron su aparición entonces, como el epicureísmo, el estoicismo o el cinismo, que respondían a nuevas inquietudes ante los nuevos fenómenos y pueblos que afrontaba la mentalidad griega. Una de las más sugestivas escuelas es el Jardín de Epicuro, que propugnaba una filosofía eudaimónica y equilibrada. Se expandió pronto por todo el mundo griego (e influyó enormemente en Roma, como muestran los fantásticos descubrimientos de la Villa dei Papiri en Herculano). Pero ¿hubo mujeres en los círculos epicúreos? Sí. La filósofa Leontion, transliterada como Leontio o Leoncio, que vivió en torno al año 300 a. C., aparece en varios textos como esposa del epicúreo Metrodoro de Lámpsaco y en otros como una hetera. Esta caracterización a veces se ha interpretado como una señal de la típica animadversión de las fuentes hacia la escuela filosófica de Epicuro. Pero tal vez se tratase de un reforzamiento metafórico del carácter abierto y cosmopolita de la escuela de Epicuro, en virtud del cual se permitía a todo tipo de personas, incluso mujeres, extranjeros y esclavos, asistir a las clases del maestro. En todo caso, muy poco es lo que se sabe de esta filósofa. De Leontio, aun así, también hay atestiguada una noticia de Diógenes Laercio según la cual dejó tras de sí obra escrita: en concreto se trata de un intercambio epistolar que se habría producido entre el propio Epicuro y su seguidora, en el que el filósofo la alababa por lo justos que eran sus escritos. También Cicerón hace referencia a ciertos textos de Leontio en los que criticaba al filósofo peripatético Teofrasto. Pero más allá de esto no hay ningún rastro de ella.

Los centauros

De cuantos seres híbridos engendró la imaginación de los antiguos griegos tal vez los centauros estén entre los más célebres. A todos nos es familiar su extraña figura, de torso humano y, a la vez, de cuerpo equino, encarnación de la fuerza incontenible y violenta de la naturaleza. Es un poderoso símbolo que ha representado la violencia irracional desde las metopas de los templos arcaicos de Grecia, que mostraban la lucha entre centauros y lapitas, hasta aquel famoso lienzo de Botticelli en el que Atenea, que luce el emblema de los Medici, somete a un centauro: es el triunfo de la razón frente a la fuerza bruta. Sobre el origen de tan extrañas criaturas se cuentan varias leyendas, aunque la más famosa afirma que eran hijos de Ixión, por lo que en ocasiones se les denomina Ixiónidas. Este Ixión era, a la sazón, el rey de los lapitas, en Tesalia, un malvado mortal que una vez deseó unirse con Hera, la esposa de Zeus y reina de los cielos. Como perseveró en su impío deseo, Zeus urdió un engaño para castigarle. Modeló una nube del cielo con la forma de Hera y la puso al alcance de Ixión. Este se unió con la nube —o con una divinidad de las nubes, Nefele, según su nombre griego— y de esta extraña pareja nació el primer centauro. Luego este se apareó con unas yeguas y su descendencia fueron los demás centauros, criaturas que ganarían fama de fieras, siniestras y peligrosas. El castigo de

Ixión fue legendario y, tras engendrar a esta raza híbrida, Zeus lo precipitó al Hades: allí, como suplicio por su osadía, Ixión estaba atado a una rueda en llamas que giraba sin cesar, aunque nunca moría. Otra variante, recogida por una oscura tradición, afirma que hubo una raza de centauros que el propio Zeus engendró de su hija Afrodita.

Quirón: el buen centauro

Según el mito que ya conocemos sobre estos monstruos híbridos, horror de los griegos antiguos, los centauros eran unos seres violentos, mitad humanos mitad equinos, hijos del malvado Ixión. De él ya se ha hablado, y también del simbolismo en las artes de este viejo mito de la historia de la cultura. Pero hubo en el imaginario mítico una notable excepción: Quirón, el centauro sabio. Es el centauro que ha pasado a representar exactamente lo contrario que sus congéneres. Era Quirón un excelente médico, tan sabio que Asclepio aprendió de él el arte de curar las enfermedades. Pero es conocido en la mitología sobre todo por su faceta de maestro de héroes, una figura fundamental en el ciclo mítico de varios personajes a los que tutela en un momento formativo y de juventud, previo a las hazañas que los marcarán en la literatura antigua. Por ejemplo, Quirón es famoso por haber instruido a héroes griegos tan señalados como Ulises, Heracles, Eneas, Peleo, Aristeo, Acteón, Jasón o Aquiles: ilustre nómina a la que enseñó todo cuanto debía saber un buen héroe helénico, como el arte de la lucha con lanza, espada y arco, sí, pero también la música, la medicina y otros saberes de gran utilidad. Encarna como pocas otras figuras el arquetipo literario del mentor en los ciclos de la narrativa patrimonial estudiados por autores como Vladímir Propp o Joseph Campbell. Pero ¿cómo explicar su carácter benévolo en contraposición a los otros centauros? Quiere la tradición que Quirón tenga un origen peculiar, frente a la estirpe ixiónida de sus parientes violentos: no en vano se cuenta que es hijo del titán Crono, antiguo soberano del universo antes que Zeus, quien, una vez, adoptó la forma de un caballo para seducir a una mujer llamada Filira, de modo que su esposa Rea no advirtiera el engaño. Así nació Quirón, que participa de un origen divino y, por tanto, se diferencia de los otros centauros.

El mito del hombre salvaje

En las mitologías de diversos pueblos hay una suerte de guardián de las montañas, de las grutas escarpadas, de las quebradas abruptas o de los bosques inaccesibles que a menudo es un bípedo que en lo básico tiene una forma muy parecida al ser humano, incluso con rasgos de *Homo sapiens*, pero totalmente salvaje o asilvestrado, de tamaño descomunal y de costumbres hurañas. Tal es el «hombre salvaje» que estudió el antropólogo mexicano Roger Bartra en un libro titulado *El salvaje en el espejo*. En ese texto, Bartra demuestra que el hombre salvaje es un mito distintivo de la civilización occidental ya desde los *agrioi* griegos y los semihombres hibridados con las bestias de su mitología, los anacoretas asilvestrados de la Antigüedad tardía o el *homo sylvaticus* medieval que puebla nuestras catedrales. Así aparecen en el imaginario mítico el Yeti o el Mi-go asiático y el Bigfoot o el Wendigo norteamericanos, monstruos horrendos y huidizos que no se sabe si son reliquias de esas pretéritas razas más grandes y más felices de la edad áurea. Paralelos en la literatura europea son el Calibán de Shakespeare, el caníbal de Montaigne y el Cardenio cervantino, que vive en los riscos de la Sierra Morena, así como, en versión femenina, la larga nómina de serranas, desde el Arcipreste de Hita a Lope de Vega. Las mitologías centroeuropeas y de los Balcanes viraron hacia el terror con una serie de criaturas fantásticas que inicialmente no hacían daño al ser humano y se supone que están emparentadas con él. Puede que esto sea un lejano eco mitológico y legendario de la idea persistente de una alteridad en la humanidad, de la existencia de otra raza humana alternativa, que en el sueño de los científicos se aviva con la especulación del llamado eslabón perdido cada vez que surgen descubrimientos de nuevos homínidos antiquísimos que otrora poblaran el planeta. Larga es, como se ve, la sombra y las postrimerías del mito del hombre salvaje, de la que solo hemos esbozado algunas pinceladas aquí.

Scholé: el ocio en Grecia

Hoy día se ha generado una verdadera cultura —e incluso una industria— del ocio y, a veces, una obsesión por encontrar las maneras más peregrinas de llenar ese lapso de tiempo. El ocio se considera una seña de identidad de las sociedades modernas, marcadas por la separación entre el trabajo y el tiempo privado. Pero en Occidente el propio concepto de tiempo libre remite invariablemente al mundo clásico y lo hace, lejos de la vulgaridad con la que en ocasiones se aborda hoy día, con un rico trasfondo literario y filosófico. Si el vocablo castellano *ocio* remite al latín *otium*, el concepto en griego antiguo se expresaba con una polisémica palabra de larga trayectoria que conviene recordar aquí: *scholé*. Huelga decir que este vocablo ha derivado nada menos que en nuestra palabra *escuela* a través del latín *schola*. En la Grecia antigua el ocio era, en efecto, primordial para la búsqueda de la sabiduría y la práctica del mejor modo de vida. Frente a la idea griega de *scholé*, a la vez tiempo libre e instrucción, se sitúa la *ascholía*, que designa el trabajo. Llama la atención esta palabra con su alfa privativa que recuerda que los griegos no tenían un término específico para designar el trabajo: se hablaba de *prágmata* ('asuntos') para referirse al trabajo de los hombres libres y de *douleia* para señalar el de los esclavos (en griego moderno, curiosamente, es esta última palabra la que quiere decir «trabajo», *douleiá*). En el pensamiento de Platón o Aristóteles era fundamental gozar de ocio para dedicarlo a la filosofía y a la búsqueda de la verdad. A decir de Aristóteles en la *Política*, el ocio tiene un indiscutido prestigio, pues de él surge no solo la especulación científica y filosófica, sino la política. Era necesario tener tiempo libre para filosofar pero también —ya que la política no era remunerada, felices épocas aquellas— para gestionar la cosa pública.

Otium: el ocio en Roma

Frente a la idea de ocio en la antigua Grecia, el *otium* romano admitía principalmente una doble acepción, de la que procede también parte de nuestra idea de tiempo libre. La palabra *otium* se oponía a *negotium*, es decir, la falta de ocio, el trabajo. El ocio se concebía, según la visión más popular, como un lapso de tiempo dedicado al descanso y al placer tras los quehaceres diarios de un pueblo tan laborioso como el romano. Históricamente, a la par que los romanos disfrutaron de un ocio privado relacionado con estos ámbitos del descanso particular, el Estado hizo uso de un ocio público programado y dirigido a amplios sectores de su población con arreglo a intereses políticos; pero sobre esto no conviene entrar: son los antecedentes de los espectáculos de masas, aborrecibles tanto ayer como hoy. *Panem et circenses.* Preferimos recordar la segunda visión, la de los intelectuales romanos que adaptaron la idea de ocio griego (*scholé*) al mundo político romano y a su pragmático modo de ser. Cicerón, por ejemplo, defenderá una simbiosis de acción y reflexión, de política, retórica y filosofía, gracias al memorable concepto de *otium cum dignitate*. El tiempo libre del hombre de bien, comprometido con la vida pública, ha de estar dedicado al estudio de la filosofía en una armónica combinación entre valores ideales e intereses materiales. El *otium* que propone otro gran pensador, nuestro Séneca, después de su actuación política, renuncia ya a cualquier intervención en el mundo y da absoluta primacía a la indagación filosófica como legado para la posteridad. En ambos casos, el ocio del hombre de bien romano debe centrarse en el estudio y la lectura con el objetivo de enriquecer al individuo y a la sociedad.

Tribunales de Atenas

En la Atenas del siglo V a. C. la justicia estaba en manos de grandes órganos jurisdiccionales populares. Los jueces eran ciudadanos normales que componían los *dikasteria*, entre los que se elegía a cada tribunal: los voluntarios que se presentaban a los tribunales tenían como requisito ser hombres mayores de treinta años e hijos de padre ateniense y madre libre (de padre y madre ateniense a partir de la restrictiva ley que hizo aprobar Pericles en 450/1 a. C.). La figura del *dikastés* resulta algo extraña para nuestro moderno concepto de juez y se aproxima al de jurado, aun sin serlo exactamente. El número de jueces sobrepasaba la centena: 201 para demandas por sumas inferiores a 1.000 dracmas; 401 para las superiores; múltiplos de 500 para asuntos de derecho público. Y se prefería el impar para evitar empates en las votaciones, pues de pasar tal cosa el acusado resultaba absuelto. Hay que citar el muy conocido tribunal de la *heliaia*, básico para entender el funcionamiento de la democracia ateniense. Estos multitudinarios tribunales eran tumultuosos y a menudo el orador, que debía estar muy versado en la retórica forense, tenía que pedir silencio y calma al realizar una afirmación polémica. Los jueces votaban con un guijarro o una concha en una urna. Pocas penas venían fijadas por la ley, pero normalmente una parte —la acusación o *eisangelía*— proponía una pena, y el condenado planteaba otra en alternativa: las penas de cárcel no eran largas, se preferían las multas, la muerte, el destierro, el embargo o la privación de derechos. El comediógrafo Aristófanes se burlaba de la manía de sus conciudadanos por litigar y, especialmente, de los caprichosos jueces y su animadversión por los ricos. En el teatro, los atenienses reían de sí mismos con el chispeante argumento de *Las avispas*: el hijo de un fervoroso *dikastés* debe curar a su padre de su locura enfermiza por juzgar y condenar, hasta que llegue a aborrecer los juicios.

Las vestales

Igual que Hestia era la diosa hogareña griega, guardiana de las brasas que debían estar siempre prendidas en el hogar del *oikos* griego, su par romano, Vesta, simbolizaba también ese fuego siempre vivo de la *domus*. Pero frente a Grecia, Vesta tuvo en Roma una importante vertiente política o social. Si la costumbre en la antigua Roma mandaba mantener con vida el fuego sagrado del hogar, símbolo de vitalidad y fuerza, y la diosa Vesta permanecía siempre recluida y virginal, custodiando el fuego sagrado de los dioses, también la sagrada ciudadela de Roma debía tener un templo con vírgenes que hicieran lo propio con el hogar patrio del Estado. En su imponente templo del Foro Romano, las sacerdotisas de Vesta, a las que se identificaba con las hijas de los primitivos reyes de la ciudad, tenían como santo deber la custodia de aquel fuego simbólico, de unos objetos mágicos, y, acaso lo más importante, de su propia virginidad. La primera vestal fue elegida, cuenta una antigua leyenda, por el propio Rómulo, fundador y primer rey legendario de Roma. Las vestales eran las únicas sacerdotisas de la antigua Roma, y las elegía el pontífice máximo de entre las más distinguidas familias patricias, niñas de edades entre los seis y los diez años, en número de dos, cuatro y, finalmente, seis. Una vez en el templo, pasaban diez años como novicias, diez como vestales y diez como supervisoras. Servían así un total de treinta años, transcurridos los cuales volvían al mundo y podían incluso casarse, lo que constituía un honor para cualquier romano. Hubo casos señalados de quebrantamiento del tabú de su virginidad: el castigo era terrible para el seductor y para la propia virgen, que moría de forma infamante. Estaba en peligro la estabilidad de la comunidad política.

Eleusis

Los mitos fundacionales de las religiones trascendentes del antiguo Mediterráneo a menudo tienen que ver con los ciclos de la vegetación, de la muerte y la resurrección, ejemplificados en la producción del cereal y del vino y sobre los modelos legendarios de divinidades que mueren y recobran la vida, con lo que demuestran que es posible transitar entre los dos mundos. En la Grecia antigua, pese a que la religión tradicional, como se ve en Homero, no creía en un más allá muy halagüeño, algunos cultos mistéricos, como los de Deméter, Orfeo o Dioniso, ejemplificaban este tránsito de ida y vuelta. A unos veinte kilómetros de la antigua Atenas se encontraba el santuario de Eleusis, que fue uno de los puntos neurálgicos de los misterios griegos. Está atestiguado que el asentamiento tiene actividad desde el segundo milenio antes de Cristo y, acaso por su estratégica posición, fue poblado y fortificado en época micénica. Tal vez el culto a Deméter, diosa madre nutricia, patrona del cereal y la alimentación, fuera introducido en esta época. En el sistema de la religión griega, Deméter era una de las tres diosas sexuadas, junto a Afrodita y Hera, frente a las tres diosas vírgenes, Ártemis, Atenea y Hestia. A partir del siglo VIII a. C. el santuario de Eleusis se convirtió en un lugar de culto panhelénico, que recibía peregrinos para ser iniciados en los misterios de las dos diosas, la madre y la hija, como estudió Kerényi. Y es que la religión eleusina se centraba en los misterios de la vida eterna, simbolizados por la peregrinación de Deméter en pos de su hija Perséfone, raptada por el dios de los infiernos, y se inspiraba en los ciclos de ida y venida de esta, que representaban las estaciones. El santuario tenía gran importancia ya en la época de Solón como centro de peregrinación desde Atenas, que incluía una iniciación y una revelación personal con la ingesta de una comida sagrada. Durante toda la Antigüedad fue objeto de gran veneración, también en la época romana, hasta su final en el siglo IV.

Los libros sibilinos

Custodiados en el corazón político del Estado romano en la Antigüedad —el templo de Júpiter Capitolino— estaban los célebres *Libri Sibyllini*, una colección de oráculos en verso, concretamente en hexámetros griegos, que supuestamente el último rey de Roma, Tarquinio el Soberbio, compró a una misteriosa sibila y que eran consultados en los momentos de crisis. Según la tradición provenían de las sibilas griegas de Oriente y llegaron a la Magna Grecia, a la famosa sibila de Cumas, que le ofreció a Tarquinio nueve libros por un precio exorbitante. El rey rechazó comprarlos, pero entonces la sibila quemó tres de los libros y se los volvió a ofrecer por el mismo precio. El rey los rechazó de nuevo y se repitió la misma operación, quedando solo tres: Tarquinio, finalmente, optó por comprarlos. Desde entonces los custodiaban bajo control del Senado y tras el 367 a. C. bajo la vigilancia de los *decemviri sacris faciundis*, que se encargaban de consultarlos para evitar males futuros mediante sacrificios. El hecho de que estuvieran en griego exigía intérpretes de esta lengua y contribuyó grandemente a la amalgama religiosa entre Roma y Grecia. El secretismo en torno a ellos era absoluto y solo se comunicaba a los ciudadanos los ritos que debían seguir, lo que seguramente llevaba a manipulaciones de la opinión pública. Los libros sibilinos se quemaron en el incendio que sufrió el templo de Júpiter en 83 a. C., por lo que el Senado mandó una embajada a Oriente para recopilar otra colección de oráculos que los sustituyera. Esta segunda colección pasó de la República al Imperio y del Capitolio al templo de Apolo, por iniciativa de Augusto. Allí se quedaron hasta la caída del Imperio de Occidente, en el siglo V, según algunas fuentes: según otras, habrían sido quemados por el general romano vándalo Estilicón. No conocemos sino algunos fragmentos dudosos de estos libros.

Los oráculos sibilinos

Los oráculos sibilinos, citados por numerosos escritores cristianos, son una variopinta colección de textos en verso hexamétrico atribuidos a las sibilas, de los que sobreviven catorce libros y ocho fragmentos. Su composición es compleja y se extiende por varios siglos, desde el siglo II a. C. al siglo VI d. C., en etapas históricas muy diferentes. Se trata de una amalgama curiosa de mitología grecorromana, profecías apocalípticas de origen judeocristiano, historia bíblica, literatura apocalíptica e incluso gnosticismo. También hay referencias a personajes históricos como Alejandro Magno o Cleopatra y alusiones a sucesos que tuvieron lugar en la época del Imperio romano, frecuentemente con una luz negativa hacia Roma. Estos textos usaban la autoridad de las sibilas clásicas para expresar muy diversas concepciones ideológicas y religiosas —con reflejos políticos— que parecen corresponder a falsarios de origen judío y, posteriormente, cristiano. Siguen las características clave de toda literatura apócrifa e imitan la forma y el estilo de los oráculos tradicionales en verso épico, conteniendo algunos restos de textos oraculares paganos supuestamente originales. En otros lugares parece que han sido muy reelaborados, e incluso contienen acrósticos de inspiración cristiana. Estos procedimientos servían seguramente para la legitimación de la cultura periférica judía y cristiana —conectando la tradición oracular clásica con la profética judeocristiana— frente al poder romano. Hay todo tipo de ataques contra Roma, defensas del monoteísmo o de las ciudades de Oriente, pasajes apocalípticos inspirados en los Evangelios, etc. Su estudio es de gran complejidad, por la variada autoría, estilo, inspiración religiosa y época de composición, pero sin duda son una de las grandes falsificaciones literarias de la historia. Su forma final puede que se les haya dado a estos oráculos en el siglo V o VI de nuestra era. En todo caso, son oráculos anónimos que se dirigen a un público preferentemente formado por judíos helenizados o por cristianos. La colección, de hecho, se ha conservado enteramente por el valor apologético que los antiguos escritores cristianos les atribuyeron, a diferencia de otras colecciones de oráculos perdidas como los *Libros sibilinos* de Roma.

Prisciliano

Uno de los mitos sobre la singularidad de la religión en la Hispania antigua y protocristiana más persistentes es la supuesta amplia influencia social del llamado priscilianismo, una de las cuestiones más nebulosas de nuestra historia. No en vano, se ha dicho, con razón, que el obispo hispano Prisciliano de Ávila fue la primera persona de la historia condenada y ejecutada por hereje. Y, en efecto, ya en el siglo IV aparece su fascinante caso como precedente de la posterior historia de los heterodoxos. Parece que dicho religioso se desvió de la norma y, frente al ascenso de la Iglesia como poder sociopolítico y económico, creó una escuela ascética y rigorista en la que las mujeres tenían una presencia muy notable. Hay que recordar que en el siglo IV comienza el prestigio social de los santos, de los movimientos espirituales de ascesis y misticismo, cenobitas, eremitas, anacoretas y otros ejemplos de religiosidad *extra-vagante* (etimológicamente, por supuesto) que promovían sobre todo en Oriente la huida del mundo y la ciudad del desierto. ¿Habría postulado Prisciliano una comunidad semejante? En Tréveris fue detenido por orden del emperador y la jerarquía eclesiástica lo acusó de prácticas mágicas. Se le acusaba de *maleficus* o encantador, lo que conllevaba la pena capital, como sucedía con los maniqueos. Se decía que encantaba los frutos a través de cánticos mágicos en honor del sol y de la luna y de ciertas danzas nocturnas. Se le acusaba de usar hierbas abortivas y de practicar la astrología, que estaba condenada por la Iglesia. Parece que defendía un concepto teosófico de la naturaleza, una filosofía de la emanación de lo divino en animales, plantas y minerales, y una explicación de la generación a través de la distinción en Dios de un principio femenino y otro masculino. Tras ser torturado, Prisciliano confesó la veracidad de estas acusaciones y lo decapitaron en 385 junto a sus seguidores, entre ellos alguna de las matronas que habían seguido sus doctrinas.

La *Theosophia*

Uno de los textos más fascinantes y raros de la Antigüedad es la llamada *Theosophia Tubingensis*, compuesta seguramente durante el reinado del emperador Zenón (muerto en 491) y que contiene citas y fragmentos de sabiduría pagana recopilados de forma anónima y apócrifa con un propósito apologético. La peculiaridad de este texto teológico, una de las curiosidades de la historia que por más tiempo permanecieron ignoradas, es la combinación entre paganismo tradicional y cristología. El original se perdió, pero se han conservado fragmentos en un epítome de época bizantina disperso en algunos manuscritos, y fue recuperado gracias a su versión más íntegra: un manuscrito del siglo XVI hallado en la Biblioteca de Tubinga. La *Theosophia* recopila oráculos del santuario de Apolo en Claros, citas de filósofos griegos y profecías de las sibilas, y se vale de todo ello para afirmar que los conceptos de la Trinidad y de la Encarnación ya estaban presentes de alguna manera en las religiones paganas antes de la llegada del cristianismo. No es descabellado pensar que se tratase de un reflejo del sincretismo propio del siglo V. O bien de un intento de convencer a los paganos para su conversión, al modo del *Protréptico* de Clemente de Alejandría. Quizá fuera escrito como contestación y oposición al tratado del filósofo neoplatónico anticristiano Porfirio de Tiro *De philosophia ex oraculis haurienda.* La obra fue seguramente compilada por un cristiano de orientación miafisita —el estudioso más reconocido del texto, Pier Franco Beatrice, ha aventurado una identificación con Severo, patriarca de Antioquía (c. 456-538)— que quizá hubiera querido poner en circulación esa obra para reforzar sus tesis cristológicas con argumento del prestigio de las antigüedades paganas. Hay que sumar a esto que otros escritores cristianos, como el mencionado Clemente o Lactancio, llevaron a cabo intentos similares desde el campo de la teología: se trató de rehabilitar a ciertas figuras del mundo pagano, como Orfeo, las sibilas o Platón, y demostrar que en cierto modo habían intuido las bondades del cristianismo antes de Cristo.

La teúrgia

Teúrgia es un término que alude etimológicamente tanto a «ejercer una acción sobre los dioses» como a «actuar como un dios». Se puede definir como la operación o el efecto de una acción sobrenatural o divina en el mundo sensible, y supone, en la práctica, un sistema mágico desarrollado por algunos filósofos neoplatónicos que hicieron tender el platonismo hacia el misticismo en la Antigüedad tardía. Su invención se atribuye al filósofo semilegendario Juliano el Teúrgo, hijo de Juliano el Caldeo y compilador o autor, según cierta tradición, de los célebres *Oráculos caldeos* en el siglo II, sobre los que el trabajo de referencia hoy en castellano es la monografía de Álvaro Fernández. Cuenta la leyenda que Juliano, al parecer contemporáneo de Marco Aurelio, fue el autor del milagro de la lluvia que en 172 salvó al ejército del emperador de un incendio y aterrorizó a los marcomanos. El origen de la teúrgia está relacionado con este episodio de control del clima, objeto por excelencia de todo tipo de rituales mágicos con los que se intenta influir en un elemento natural que escapa a la acción humana. Sobre ese trasfondo legendario se confeccionó una compilación apócrifa de textos en hexámetros griegos que supusieron la base doctrinal del paganismo tardoantiguo y también del neoplatonismo. Eran los llamados *Oráculos caldeos*, una interesante amalgama de elementos de la religión tradicional grecorromana con las prácticas religiosas orientales.

Se trata de un ejemplo de poesía revelada que procedía, según la tradición, de la región babilonia de la Caldea, patria de la casta sacerdotal conocida como *magi*. Para los neoplatónicos paganos los *Oráculos caldeos* llegaron a ser una auténtica «Biblia», en palabras de Franz Cumont, y tanto Porfirio como Jámblico y Proclo, en diversa medida, tuvieron en cuenta esta suerte de «magia helenizada» que fue la teúrgia, con el trasfondo del saber metafísico que servía a su filosofía.

Oráculos de Apolo y cristianismo

En la última etapa de la interacción entre paganismo y cristianismo los oráculos se usaron como arma propagandística por ambos bandos. La confluencia cultural entre mántica pagana y profecía cristiana desde los orígenes de la profecía judeohelenística hasta el neoplatonismo podría parecer natural en un contexto de sincretismo como el de la Antigüedad tardía. Especial mención merece, en la historia de las falsificaciones de la

Antigüedad, el papel que desempeñaron ciertos oráculos atribuidos a Apolo que fueron reutilizados y aprovechados en la literatura griega cristiana para justificar el triunfo del cristianismo. En efecto, hay una colección de oráculos que disertan sobre la naturaleza de lo divino y que muestran tendencias henoteístas o monoteístas en el ámbito de la religión tradicional. Los transmitidos por los escritores cristianos se centran en hacer hincapié en la superioridad y veracidad de la religión cristiana y son adaptados desde las bases de la religión griega. Así, un oráculo de Claros, transmitido por Lactancio, define a la divinidad de forma ciertamente filosófica: «Nacido de sí mismo, dueño de un saber innato, sin madre, inconmovible, que no admite nombre, de múltiples nombres, habitante del fuego, esto es Dios. Nosotros sus mensajeros no somos más que una pequeña parcela de Dios». Y, preguntado sobre Cristo, el oráculo de Dídima respondió que «era mortal en la carne, un sabio por sus obras portentosas». La posición de los escritores cristianos con respecto a la mántica pagana y al uso de oráculos de Apolo para certificar el triunfo de la religión cristiana es muy significativa, como estudia el libro de J. M.ª Nieto Ibáñez, *Cristianismo y profecías de Apolo. Los oráculos paganos en la Patrística griega (siglos II-V)* con gran detalle. Se demuestra la enorme relevancia de la mántica en la Tardoantigüedad y, en concreto, en el debate religioso e ideológico de un mundo en proceso de transformación profunda.

La alquimia

Hay una antigua ciencia esotérica que durante miles de años fascinó a las mentes más curiosas. Se suponía que los versados en ella eran capaces de acceder a los secretos más insondables del universo y a un poder sin límites sobre la materia y la conciencia. Por supuesto, se trata de la alquimia, palabra que parece provenir del árabe (*el-kimyâ*), pero esconde tras de sí una etimología griega, quizá *khymeia* ('fundido') o *khemia*, o tal vez una palabra egipcia, *Khem*, que designaba al viejo país del Nilo. No en vano, se considera que esta disciplina nació precisamente allí, en el Egipto helenizado de la Antigüedad tardía, crisol de tendencias místicas y religiosas, reducto del paganismo clásico —con los herméticos, los neoplatónicos o los neopitagóricos, tal vez esos *therapeutai* de Alejandría— y avanzadilla del cristianismo, con los eremitas que siguieron a san Antonio, las milicias de monjes de Shenute de Atripe o los cenobios de Pacomio. Parece que la alquimia nace con la obra de Zósimo de Panópolis —procedente de la ciudad de Pan, Akhmim, patria de poetas, obispos, monjes y paganos— y María la Judía, a la que se debe ese tradicional «baño» alquímico. La alquimia presenta una amalgama de oscuras doctrinas desarrolladas a través de los siglos en una larga y heterogénea tradición que se extiende de Oriente a Occidente con diversos enfoques: desde el conocimiento místico en la alquimia oriental, hasta la transmutación de los metales para obtener oro o la intención farmacológica y curativa de la alquimia árabe. Tras toda esta compleja mezcolanza de doctrinas subyace una concepción filosófica del cosmos que se marca como meta el ennoblecimiento de la materia (la obtención de oro), del cuerpo (la curación de enfermedades y, en último término, la inmortalidad) y del espíritu (el ascenso hacia Dios) a través de un elemento mágico, el elixir o la piedra filosofal, buscado por el filósofo-alquimista. Larga es la vida de esta pseudociencia, desde la Edad Media al siglo XVII, desde Paracelso hasta su rehabilitación simbólica en la psicología de Jung. Pero huelga decir que sus postulados son hoy de más interés para la historia de las mentalidades y de las ideas estéticas que para la de las ciencias positivas.

Constantinopla

Constantinopla se fundó sobre un estratégico emplazamiento situado en el Bósforo, a medio camino entre Asia y Europa, que había sido poblado ya desde antiguo. Sobre su fundación doble, en tiempos de la Grecia arcaica y en el Bajo Imperio romano, abundan los mitos y leyendas. Según uno de ellos, fue el héroe tracio Bizante quien fundó aquí una ciudad en 667 a. C., siguiendo un oráculo délfico, como colonia de la metrópolis griega de Megara. El oráculo decía que debía fundar la ciudad «enfrente del país de los ciegos»: dudó mucho sobre el significado de esto hasta que pasó por Calcedonia y reparó en que los habitantes de esta ciudad no habían sabido ver un emplazamiento mucho mejor justo enfrente: la futura Bizancio. La ciudad fue escenario de diversos conflictos bélicos del mundo antiguo, desde la guerra del Peloponeso hasta las guerras de época romana, pues está situada en la vía de acceso natural a Oriente. Así, cuando el emperador Constantino, decidido a renovar para siempre el Imperio romano, asumió el poder bajo el signo del dios de la cruz, eligió aquel lugar para levantar su nueva capital con una genial intuición geopolítica. El 8 de noviembre de 324 se puso la primera piedra de la ciudad, que sería denominada la «Nueva Roma» y que habría de inmortalizar el nombre del emperador. La fundación tuvo lugar años después de la visión de Cristo que le hizo adoptar sus armas en la batalla del Puente Milvio, pero estuvo marcada también por una visión de la Virgen María, que sería protectora —junto con la deidad pagana Tyche— de la nueva ciudad de Constantino: *Konstantinoupolis*. Con la inauguración formal de la nueva capital del Imperio de Oriente el 11 de noviembre de 330 se abría un milenio de historia bizantina, en la que perviviría la cultura griega y la política y el derecho romano hasta mediado el siglo XV.

La caída de Roma

En el año 476 de nuestra era, el líder germano Odoacro depuso al último emperador del Imperio de Occidente. Es una fecha convencional que marca el final de la Antigüedad (junto a otras, por ejemplo, el cierre de la Academia platónica de Atenas en 529 en tiempos de Justiniano el Grande). Pero ¿cuán honda fue la impresión que causó en sus contemporáneos? Es decir, ¿fueron realmente conscientes los romanos de que su imperio caía? Quiere la tradición, en una de esas piruetas irónicas de la historia y del destino, que el último emperador de Occidente se llamase Rómulo Augústulo, es decir, «el pequeño Augusto», con los nombres del primer rey de Roma y de su primer emperador, respectivamente (también el último emperador bizantino, que murió bravamente batiéndose con los turcos en el asedio de Constantinopla en 1453 se llamaba Constantino, como el fundador de la Ciudad, *He Polis*, que inmortalizó su nombre). Pero el efecto en los contemporáneos no fue tan fuerte como, por ejemplo, la derrota y muerte en combate del emperador Valente en 378 ante los visigodos, el saqueo de Roma por Alarico en 410 o el de los vándalos en 455. Entonces sí que las fuentes de la época nos transmiten la consternación general. En el caso del 476, pese al gran cambio acaecido —que comportaría la fragmentación del Imperio de Occidente en varios reinos germánicos— se continuó con una apariencia de «normalidad institucional» (como dirían hoy nuestros políticos). El hérulo Odoacro, en un gesto de sumisión al emperador de Oriente, Zenón, envió las insignias imperiales a Constantinopla. El emperador de Oriente se convertía así también, al menos nominalmente, en emperador tutelar de Occidente. Para guardar las apariencias, a su vez, Zenón otorgó a Odoacro el título de *magister militum* de Italia, como si aún reinara sobre un imperio unificado, cuando en la práctica la *pars occidentalis* se hallaba ya fragmentada desde hacía tiempo en diversos reinos germanos.

La Vía Egnatia

Entre las muchas calzadas que surcaron el Imperio romano hay pocas de nombre e historia tan sugerente como la Vía Egnatia. Construida por los romanos en la época de la conquista de Grecia (siglo II a. C.), transitaba desde Dirraquio hasta Bizancio con propósitos de control político y militar. Desde el mar Adriático, seguía una ruta difícil hasta llegar al lago de Ocrida. Luego giraba hacia el sur, por pasos de alta montaña, y llegaba a la costa norte del mar Egeo, a la ilustre Tesalónica. Desde allí atravesaba Tracia hasta llegar a Bizancio, cubriendo una distancia total de unos 1.120 kilómetros. Con la refundación de esta última ciudad por parte de Constantino y el cambio del peso político del Imperio romano hacia Oriente, la vía se convertirá en una de las más importantes para la comunicación de Constantinopla con Occidente hasta la caída del imperio en el siglo XV. Todo el comercio terrestre bizantino con Europa atravesaba esta calzada, que no dejó de utilizarse en ningún momento. Su importancia militar es muy reseñable, siendo usada durante las Cruzadas por los ejércitos occidentales que marchaban por tierra a Constantinopla para cruzar al Asia Menor. A raíz de la Cuarta Cruzada, con el saqueo de la capital bizantina, su control fue clave en las luchas de los estados latinos que surgieron de las ruinas de Bizancio, hasta la restauración paleóloga de 1261. Incluso una breve historia de los principales episodios que tuvieron a la Vía Egnatia como protagonista en la historia del Imperio de Oriente sería inenarrable. Baste decir que normandos, serbios, búlgaros y francos transitarán por todo su recorrido marcando una historia no solo política y militar, sino también cultural, de los pueblos que se desarrollaron en los Balcanes en el largo proceso histórico que la moderna historiografía ha clasificado con el epíteto de «bizantino».

El monte Atos

Se ha dicho a menudo que el monte Atos es, en la práctica, una suerte de Estado monacal independiente de Grecia. No es así del todo, pero su singularidad es muy notable, por lo que procede repasar brevemente su historia. El monte Atos, o *Hagion Oros* ('santo monte'), está situado en uno de los tres alargados brazos que forman la península de la Calcídice, al norte de Grecia. Desde el siglo VI se fueron reuniendo allí diversas comunidades monásticas impulsadas al aislamiento del mundo, en un movimiento que se acentuó en la época de la controversia iconoclasta, durante el siglo VIII. El tesón de estos monjes permitió conservar numerosos manuscritos y tesoros del arte bizantino. Desde la restauración de los iconos, los monasterios se vieron favorecidos por la legislación imperial y, durante el reinado de Basilio I, en el siglo IX, se les otorgó una bula de oro que asentó una gran autonomía en esta península: es entonces cuando comienza su peculiar aislamiento del mundo. Una de las figuras más reconocidas del monte Atos fue san Atanasio de Trebisonda, protegido del emperador Nicéforo Focas, que fundó en 963 la llamada «Gran Laura», que aún hoy es el monasterio más importante de la comunidad. El aislamiento del lugar se vio acentuado en épocas como la del primer iconoclasmo cuando el poder imperial persiguió a los monjes y sus iconos, y muchos de ellos se refugiaron en Atos, o la de los ataques de los búlgaros, los catalanes o, posteriormente, los otomanos. Desde entonces, el monte Atos ha mantenido una peculiar constitución hasta hoy día: es un territorio con una frontera que requiere de un salvoconducto especial de las autoridades religiosas y donde no se admiten mujeres. Pero en tiempos bizantinos era parte del imperio y actualmente lo es de la República Helénica.

La Donación de Constantino

El poder temporal de la Iglesia se vio refrendado por un controvertido documento que salió a la luz precisamente en la época del Gran Cisma de Oriente (1054). Las diferencias entre la Iglesia oriental y la occidental habían producido ya una larga serie de episodios de tensión y conflicto, sobre todo desde la controversia *filioque*, que había sentado las bases teóricas para una ruptura definitiva entre las Iglesias. El distanciamiento era doctrinal, pero se puede constatar el trasfondo político en los intereses de los reinos occidentales —el poder normando, por ejemplo— que deseaban restar influencia espiritual en Europa occidental a la Iglesia de Oriente. Así, cuando el papa León IX subió al trono de Pedro quiso emprender una nueva política religiosa que erradicara ciertos usos litúrgicos orientales e impusiera la doctrina romana en toda la cristiandad. León IX defendía también la tesis de que el papado, además de ostentar la primacía entre todos los patriarcas y obispos, era, en cierto modo, el auténtico heredero del Imperio romano y debía ejercer un poder también terrenal. De esta época data el uso de la célebre falsificación llamada «Donación de Constantino», un documento atribuido a dicho emperador según el cual este habría cedido el gobierno de Roma a la potestad, no solo religiosa sino también políticamente efectiva, del papa Silvestre I ya en el siglo IV. Esto implicaba que la Iglesia tenía el derecho a ostentar el poder temporal sobre Occidente y era esgrimido como argumento en las disputas entre el papado y quienes aspiraban al Imperio occidental (ya en época de Carlomagno). Sin embargo, fue León IX el que usó el documento como si fuera oficial. Posteriormente fue desenmascarado por el humanista italiano Lorenzo Valla, que demostró, aportando argumentos lingüísticos, que no podía ser del siglo IV, sino que más bien se trataba de una falsificación muy posterior.

Basilio II Bulgaróctonos

Hijo del emperador Romano II y alejado del trono hasta la mayoría de edad por la larga regencia materna y los reinados de sus padrastros, cuando Basilio II subió al trono comenzó una etapa de recuperación para el Imperio bizantino. Su pericia militar pronto le convirtió en un mito, siendo apodado Bulgaróctonos, es decir, «matador de búlgaros». Tras afianzar su poder en el interior del imperio y pacificar las fronteras orientales, concentró su atención en la mayor amenaza que habían afrontado los bizantinos: el reino de los búlgaros. El zar Samuel de Bulgaria, tras amenazar el norte del imperio con varias incursiones, había llegado a atacar Tesalia y a campar a sus anchas con sus tropas por el interior de Grecia. A partir del año 1000, Basilio emprendió una larga campaña que duró más de una década con golpes alternativos favorables a búlgaros o bizantinos, como la toma de Adrianópolis o la de Skopie, respectivamente. Tras unos años de incertidumbre, en los que parecía que la situación se definía por un equilibrio armado y belicoso entre los contendientes, a partir de 1009 las victorias de Basilio fueron provocando que los búlgaros retrocedieran hacia el Danubio. Finalmente, Basilio II pudo derrotar totalmente a los búlgaros en una victoria aplastante que tuvo lugar en la batalla del paso estratégico de Clidio ('pequeña llave') el 29 de julio de 1014. La derrota de los búlgaros por parte de Basilio II y el legendario escarmiento al que sometió a los prisioneros de guerra resolvieron la cuestión búlgara durante algunos años. Basilio II, según cuenta el historiador Juan Escilitzes, tomó 15.000 prisioneros. Luego ordenó arrancarles los ojos a 99 de cada 100 hombres, dejando tuerto al resto para que guiara a casa al contingente. Se cuenta que el zar

Samuel murió de un ataque al corazón cuando vio el regreso de su ejército cegado.

La guardia varega

La presencia en el Imperio bizantino de comerciantes y mercenarios del norte, de origen escandinavo y ruso, comienza a intensificarse a partir de los siglos IX y X. Fue en tiempos del emperador Teófilo (829-842), aún en plena controversia iconoclasta —se trata del último emperador afín a esta tendencia—, y coincidiendo con la simbólica toma en 838 de la ciudad de Amorion, cuna de la dinastía reinante, y la masacre de sus habitantes por parte de los árabes del califa al-Mu'tásim, cuando Bizancio empieza a mirar más al norte. Más adelante, el apoyo de los contingentes septentrionales se concretó en la formación de la legendaria guardia varega, una compañía de élite del ejército bizantino al servicio de la corte imperial. Los varegos, en sus rutas desde Escandinavia a Constantinopla a través de los territorios de las actuales Rusia y Ucrania, fueron fundamentales para la cristianización del mundo eslavo y nórdico en el Medievo y para el desarrollo de nuevas estatalidades en la región, conectadas con el mundo bizantino. En tiempos de Basilio II se contó con la guardia ruso-varega, a la que dio su constitución este emperador, para derrotar a los normandos en la batalla de Cannas, que asentó el dominio de Bizancio en la península itálica durante más de una década. Pero su actuación más recordada fue cuando, en época de Miguel IV y ya perdida la isla de Sicilia ante los árabes, los bizantinos trataron de recuperarla en un gran esfuerzo militar. Miguel IV envió una flota en 1038 al mando del general Jorge Maniaces para reconquistar la isla. En el contingente participaba la guardia ruso-varega, al mando del rey nórdico Harald Hardrada, que cobraría gran fama, y en la que participaban otros mercenarios de renombre como el normando Guillermo de Hauteville (apodado «Brazo de Hierro»). La campaña contó con algunos éxitos iniciales, como la toma de Mesina o la de Siracusa. Sin embargo, como las autoridades bizantinas temían que Maniaces se volviera demasiado poderoso e intentara aspirar a la púrpura, cortaron de raíz su brillante campaña y lo sustituyeron al frente del ejército, por lo que no se pudo completar la reconquista de la isla para el Imperio bizantino.

El cesaropapismo

La tesis de las dos espadas, el poder terrenal y el religioso, encarnados por el emperador y el papa respectivamente, presidió la teoría política medieval durante mucho tiempo. Sus orígenes tardorromanos y bizantinos son muy reseñables, y tienen que ver sobre todo con la época del gran Justiniano, cuando se produce, bajo los auspicios de una consigna ideológica —la *restauratio imperii*—, la reconquista de parte del perdido occidente del imperio: el África vándala y varias regiones de las penínsulas itálica e ibérica, que son arrebatadas a los godos. Hay que decir que la ideología política justinianea se caracterizó por un estrechamiento de la unión entre poder y religión, personificada en la actuación del emperador, que asumió prerrogativas sobre la esfera eclesiástica. Justiniano trató de procurarse un cierto dominio sobre el poder de la Iglesia, que ya se había afianzado como autoridad con influencia política. El «cesaropapismo», un término consagrado por la sociología política y de la religión de Max Weber en su obra *Economía y sociedad*, hace referencia a la subordinación de los eclesiásticos al poder secular cuando el líder político ejerce también la autoridad en materia religiosa. En el caso del Imperio de Oriente, diversos estudiosos, como Dagron o Meyendorff, han discutido si es adecuado aplicar este concepto, que parece claro en época de Justiniano, aunque se desdibuja posteriormente. Este ideario político hacía depositario al emperador de Oriente de dos herencias simbólicas: por un lado, estaba la idea imperial de la sucesión de los grandes emperadores romanos; por otro, la idea de la ortodoxia cristiana, con el emperador como guardián de la fe verdadera no solo frente a las abundantes herejías que se habían producido en el seno del cristianismo, sino también ante el recalcitrante paganismo. El mito político del dominio simbólico sobre las dos esferas del poder comenzaba entonces: Justiniano fue de los que pudo prevalecer en ambas, pocos más tendrían éxito.

Feminismo y cristianismo primitivo

Hace varias décadas que algunos teóricos del feminismo vienen defendiendo que el cristianismo primitivo y las propias enseñanzas de Jesús propugnaban la igualdad entre los sexos —algo inédito en el mundo antiguo, con alguna excepción utópica— y un papel especialmente relevante de la mujer. Se han aducido ejemplos en los Evangelios y los Hechos de los Apóstoles, tanto en los textos canónicos como en los apócrifos, y algunos casos controvertidos posteriores, como el priscilianismo y otros movimientos de la Iglesia antigua. La visión de un «feminismo cristiano» se ha apoyado, además, en figuras de santas y místicas posteriores, como la de Hildegarda de Bingen. Pero esta es una perspectiva muy polémica a la que se acusa de proyectar de forma anacrónica ideas de nuestros días. En *Jesús y las mujeres*, un libro de 2008, pero reeditado en 2014, el filólogo neotestamentario Antonio Piñero muestra claramente que la idea de un Jesús feminista es un mito de la modernidad cuyo comienzo puede fecharse con cierta precisión entre la década de los sesenta y los setenta del pasado siglo. Concretamente, la obra de la teóloga feminista E. Schüssler Fiorenza contribuyó en gran manera a dar carta de naturaleza a este mito. Desde entonces han proliferado los ensayos y ficciones sobre el tema, que han llegado a crear quimeras muy difundidas; entre ellas, la de la Magdalena como esposa de Jesús. La tesis del Jesús feminista venía a decir, de algún modo, que la primera comunidad cristiana era igualitaria, con tintes utópicos, y que fue la posterior jerarquización de la Iglesia, ya institucionalizada, la que fue relegando a las mujeres. Si se acude al libro de Piñero, que propone un análisis y relectura desapasionada de las fuentes evangélicas desde los comienzos de la historia del cristianismo y hasta mediados y finales del siglo III, se puede desmontar muy razonablemente ese mito creado por autores confesionales —y feministas— que querían elevar a Jesús y al cristianismo primitivo al pedestal de la igualdad que, con justicia, comenzó al fin a tener verdadera relevancia social en esa época. Pero la ciencia histórica ha de intentar sustraerse de tales pasiones.

Sectas restauracionistas

Abundan las leyendas y mitos (cuando no directamente invenciones o interpretaciones interesadas) acerca de los primitivos cristianos. En los dos mil años de cristianismo, muchos han sido los grupos, sectas o herejías (entiéndanse ambas palabras etimológicamente, del verbo latino *seco* y del griego *haireomai*) que han pretendido «restaurar» la moral y el modo de vida más o menos ascético, místico, rigorista o liberal —según interesara— de unos supuestos primitivos cristianos. Se les ha idealizado continuamente en contraste con la Iglesia de cada momento —casi siempre tachada de decadente—, propugnándose un «restauracionismo» a veces de dudosas bases. Un libro de Antonio Pau, *Herejes*, recoge algunos de los personajes que fundaron estos grupos que siempre pretendieron encarnar los valores de un cristianismo originario y purificado y de los que, aunque muchos fueron exterminados, se derivan aún algunas Iglesias actuales, desde la reforma protestante a esta parte. Una de estas Iglesias cristianas, quizá la de más ardiente proselitismo en las calles de todo el mundo, ha entremezclado en ese sentido mito e historia con la menor verosimilitud posible. La llamada Iglesia de Jesucristo de los Santos de los Últimos Días, más conocida popularmente como mormona por uno de sus libros sagrados (*Libro de Mormón*), añade a la Biblia una serie de escritos con una visión peculiar de las postrimerías del cristianismo y también de sus antecedentes. La Iglesia establecida se habría corrompido desde su institucionalización en el Imperio romano y habría perdido la revelación hasta que en 1820 el joven Joseph Smith fue iluminado en una arboleda del estado de Nueva York, con lo que se inició la restauración del cristianismo primitivo. En subsiguientes visiones, a Smith se le instruyó —a través del ángel Moroni— acerca de dónde encontrar unos antiguos epígrafes en planchas de oro, compiladas por el profeta Mormón, que informaban de la llegada de un grupo de israelitas a América circa 600 a. C. y que serían los precursores de parte de los nativos americanos. También se informa de la visita que habría realizado Cristo tras su resurrección a Norteamérica como lugar preferente para su Iglesia. El viejo *leitmotiv* del manuscrito encontrado —tantas veces repetido en la literatura pseudoepigráfica— servía esta vez para la revelación de una de las más exitosas Iglesias restauracionistas.

4
SEPTENARIOS MÍTICOS

7 CIUDADES
DEL MITO A LA HISTORIA

Cnoso

En este capítulo se pretende evocar la historia y la leyenda de siete ciudades míticas del mundo antiguo cuya sombra marcó indeleblemente nuestra cultura merced a las diversas recreaciones que se hicieron de ellas. Ciudades que desaparecieron en algún momento de la historia y que, posteriormente, fueron reencontradas por la arqueología. Me interesa especialmente la forma en que recobraron, con su redescubrimiento, la importancia para nosotros y cómo cambiaron la historia una vez más. Si queremos comenzar por el principio, por los oscuros meandros de la época prehelénica, no podemos sino recordar la legendaria Cnoso. Su trasunto mítico, el laberinto de Creta, dejó honda huella en la mente griega desde antiguo, a causa del mito de Teseo y el Minotauro —vencido gracias al hilo de Ariadna—, y a la figura del extraño y poderoso rey Minos. Mitología, arte, literatura, filosofía: nada en el mundo clásico se sustrajo a la fascinación por ese legendario lugar. Los atenienses enmarcaban el periplo fundacional de su rey Teseo ahí —y su propia etnogénesis debía mucho a ese laberinto—, Heródoto y Tucídides hablaron de la talasocracia cretense en sus historias y Platón alude a la metáfora del meandro cretense como símbolo filosófico, entre un sinfín de ejemplos. Larga fue la sombra de la leyenda de la ciudad de Minos, rey sabio, por un lado, hijo de Zeus y Europa, magnífico legislador inspirado por los dioses y juez de ultratumba, pero también con una fama ambivalente de terrible tirano.

Así, cuando en torno a 1900 el arqueólogo Arthur Evans se jactó de que había descubierto los fundamentos de una civilización «minoica», el mundo quedó asombrado. En efecto, la excavación del complejo palacial de Cnoso, en el centro de Creta, produjo una notable convulsión cultural, y no solo removió los cimientos de la historia antigua, sino que también marcó una cesura en la cultura europea. Había aparecido una Grecia antes de Grecia, una civilización fastuosa y fascinante cuyos elaborados frescos y arquitecturas apasionaron a la Europa de la *belle époque* e influyeron decisivamente —lo arcaico como lo moderno— a la hora de perfilar la revolución de las vanguardias. Se rompían los moldes de lo que hasta entonces se había conocido como la Antigüedad griega y tras la gesta de Evans —hoy, por cierto, no demasiado bien vista según la metodología arqueológica moderna— nada habría de ser igual: hasta el punto de que Freud a menudo equiparaba su labor psicoanalítica a lo que la arqueología había hecho en Creta. Como Evans había descubierto un estrato más antiguo del mundo clásico, que se entendía como el alma de Occidente, Freud pretendía hacer lo propio con la conciencia y excavar por debajo de ella. También los vanguardistas buscaron desde entonces un lenguaje creativo esencial inspirados por el arte minoico: el clasicismo se rompía merced a este arcaísmo de colores vivos, ¿qué otra cosa habían de hacer el artista o el psicólogo de la modernidad para descubrir la verdadera esencia bajo lo aparente?

En fin, no cabe subestimar la potencia cultural, creativa y hermenéutica del hallazgo de Evans, que sacó a la luz la cultura palacial minoica, cuyas dimensiones mostraba a las claras una densa red de yacimientos, desde Malia a Hagia Tríada. Esa civilización a caballo entre Oriente y Occidente, que se benefició del comercio con las ricas ciudades de la región sirio-palestina y del contacto con Egipto, extendiendo sus redes de dominio marítimo por el Egeo del segundo milenio antes de Cristo, llegó a ser una potencia determinante en todo el Mediterráneo oriental. Sus restos hablan de una estatalidad opulenta que floreció en torno al 1600 a. C. gracias a su control de las rutas del mar Egeo y que produjo un arte sin parangón. Atesora restos de la escritura conocida como lineal A, que recoge una lengua aún sin descifrar.

Pero ¿qué sabemos de Cnoso? La existencia del palacio está atestiguada desde el siglo XX a. C. y fue destruido en varias ocasiones. Parece haber sido una civilización culta y refinada, sin murallas, que lo fiaba todo al dominio de los mares y a la superioridad económica y cultural. Sin embargo, fue ocupada por invasores cuando gentes procedentes de la península balcánica, los griegos micénicos, se hicieron con Cnoso en torno a 1400 a. C. Tal vez esta conquista se enmarcara en una convulsión global del mundo mediterráneo. Estos griegos micénicos adaptaron el sistema de escritura para su lengua, creando el llamado lineal B, un silabario descifrado a mediados del siglo XX. Unas tres mil tablillas nos permiten conocer parte de la religión y la sociedad de aquel mundo. Así, el despertar de Cnoso a la luz de la arqueología nos puso en contacto con un episodio fascinante de la Edad Antigua: el final del Bronce, en torno a 1200 a. C., y la llegada de los llamados «siglos oscuros» tras la serie de catástrofes que asolaron el área e hicieron que se perdiera el esplendor de esa cultura y que solo quedaran matices de leyenda; incluso la escritura acabó sepultada en el olvido. El mito, como tantas otras veces, ocultaba a la historia, y la ciudad perdida entre las brumas de la leyenda fue finalmente rescatada.

Micenas

Nuestra segunda gran ciudad mítica, perdida y oportunamente reencontrada, es la inolvidable Micenas, la de los muros de piedras ciclópeas y que aún resuena a bronce, poder y catástrofe. Dio nombre a toda una civilización para los historiadores y es recordada por su más célebre monarca, Agamenón, «pastor de pueblos», según el viejo epíteto homérico que da fe del vigor de la metáfora pastoril para la política de la Edad del Bronce a uno y otro lado del Egeo. Aquel fue el rey que, según Homero, encabezó la expedición de los héroes griegos que lucharon en torno a Troya, llamados en pos de la bella Helena, para rescatarla de su supuesto raptor, Paris, y restablecer así el honor perdido de Menelao de Esparta, a la sazón hermano de Agamenón. Pues bien, Micenas era poco más que una ensoñación para los amantes de las lenguas clásicas, de la literatura antigua y de esos hexámetros homéricos que recordaban la gloria pasada de la ciudad. Y lo fue hasta que, a finales del siglo XIX, esta ciudad de la que se había perdido memoria en la noche de los tiempos fue rescatada del olvido gracias, en parte, a un soñador, amante de Homero y entusiasmado por las hazañas de aquellos héroes, un mitómano llamado Heinrich Schliemann.

Las primeras excavaciones en busca del emplazamiento de Micenas, situado a unos noventa kilómetros al sudoeste de Atenas, en la península del Peloponeso, comenzaron a mediados del siglo XIX. Pero no fue hasta el año 1874 cuando el peculiar arqueólogo alemán Schliemann, un personaje apasionante, lanzó la noticia al mundo de que había descubierto nada menos que lo que pretendía ser el tesoro de Agamenón. Este arqueólogo aficionado era un comerciante que, tras enriquecerse merced a actividades un tanto extrañas —como, por ejemplo, la carrera del oro o el comercio de armas en la guerra de Crimea—, amasó una enorme fortuna que no dudó en dedicar a su gran pasión, las ciencias de la Antigüedad y, en concreto, el mundo homérico. Tras su primera visita a Grecia y su boda con una joven griega, llegó su gran hazaña arqueológica, hoy aún increíble: el hallazgo de Troya. Luego quiso seguir haciendo realidad el sueño de darle cuerpo a la geografía homérica y, tras un acuerdo con las autoridades griegas, se puso a excavar en Micenas, en un lugar que se sabía preñado de maravillas. En efecto, décadas atrás se había sacado a la luz la Puerta de los Leones, de la mano del arqueólogo griego Kyriakos Pittakis. Aquella soberbia puerta, flanqueada por dos leonas ubicadas a cada lado de un pilar, evocaba seguramente una iconografía muy difundida en tradiciones religiosas del Antiguo Oriente en honor a una diosa señora de las bestias (aunque, desde luego, se han barajado muchas hipótesis para interpretar la celebérrima imagen). Comoquiera que sea, y utilizando la obra de Pausanias como vademécum, Schliemann logró sacar a la luz más maravillas, como un gran ciclo de tumbas, completando el descubrimiento de la acrópolis micénica y abriendo la vía a la exploración del Bronce griego. Se descubrieron ricos ajuares funerarios y un sinfín de joyas de oro, bronce, ámbar o marfil, amén de abalorios de dientes de jabalí, que de forma inmediata se pusieron en relación con los textos homéricos. De forma inmediata e interesada, claro está. Un ejemplo es la llamada «máscara de Agamenón», que Schliemann se apresuró a divulgar de forma mitómana.

En cualquier caso, la arqueología y la historia nos hablan de asentamientos en ese lugar desde el tercer y segundo milenio antes de Cristo. El desarrollo histórico de la zona continúa con elementos que reflejan influencias minoicas y llega a su momento de máximo poderío entre los siglos XVI y XIII a. C. Los llamados griegos micénicos —no solo oriundos de Micenas, claro, sino de todas las ciudades de esta época y cultura del Bronce— se expandieron y crearon una civilización espléndida al sur de los Balcanes; incluso llegaron a dominar la vieja Creta. No sabemos mucho acerca de la relación política entre las diversas ciudades-Estado, pero a buen seguro que Micenas era de las más importantes. Las cerca de sesenta tablillas con inscripciones en el silabario lineal B —tomado en préstamo de los minoicos— que se encontraron en Micenas, una vez descifradas por Ventris y Chadwick, darían fe de la política, la economía, la sociedad y la cultura floreciente de este mundo. El final de Micenas se precipitó con su calamitosa y oscura destrucción en torno a 1200 a. C., sin saberse a ciencia cierta si se debió, como quiere la historiografía tradicional, a una invasión de diversos pueblos, a una catástrofe natural o acaso a otro tipo de conflictos externos o internos. En todo caso, el recuerdo de aquellas construcciones monumentales y del poderío de esta ciudad pasó pronto de la historia a la leyenda y engendró, tras los siglos oscuros, las aventuras de los héroes del Bronce que aparecen en Homero, con el gran rey Agamenón de Micenas a la cabeza.

Troya

La tercera ciudad perdida de la Antigüedad que no podemos dejar de evocar aquí es la imprescindible ciudadela de Troya, tramoya literaria por excelencia en el alba de Occidente. En torno a sus míticas murallas, asediadas por las tropas de la alianza griega —bajo el mando de Agamenón, rey de Micenas, en busca de la legendaria belleza de Helena, esposa de su hermano atrida, huida o raptada, como nunca sabremos—, se desarrolla, como sí es bien sabido, la épica homérica. Pero Troya habitó por largo tiempo entre las brumas de la leyenda y en el germen de toda literatura, lo que, en suma, significaba Homero para todos nosotros. Y ello desde que se perdiera su pista ya en la Antigüedad: el propio Alejandro Magno, junto a otros poderosos de la historia antigua, pudieron rendir emocionado y mitómano tributo a sus héroes en las ruinas de la ciudadela. Mas luego el lugar cayó en el olvido y se dio por perdido en la imaginación de los hombres, quedando tan solo —si esto fuera poco— como emplazamiento perenne de la geografía mítica y literaria homérica, base de la tradición literaria clásica, que es como decir la occidental.

Y todo ello hasta que, a finales del siglo XIX, un visionario y arqueólogo *amateur* del que ya hemos hablado aquí, Schliemann, se obsesionó con la idea de desenterrar esta ciudad perdida. Sorprendió a toda la docta Europa la perseverancia de un pionero ajeno al mundo académico que, sin ningún prestigio previo, se decidió a seguir su intuición. Quiso fiarse de su olfato y frente a la isla de Ténedos, siguiendo las indicaciones de los poemas homéricos, acabó encontrando el lugar que cambió la historia de las ciencias de la Antigüedad. Schliemann no reparó en entusiasmo, gastos o sobornos para conseguir su objetivo. Finalmente logró del Gobierno otomano el permiso para excavar en la colina de Hissarlik, donde todo apuntaba a que podría hallarse Troya. En 1872 encontró los presuntos restos de la ciudad y un año más tarde un rico ajuar que llamó «tesoro de Príamo», largo tiempo custodiado en los museos berlineses hasta que, en la Segunda Guerra Mundial, cayó en manos de los rusos y recaló en el actual Museo Pushkin, en Moscú. Schliemann no halló una sino varias Troyas superpuestas, de las cuales identificó la que según él era el escenario más verosímil de la *Ilíada*. Más tarde, gracias a la arqueología de los tiempos posteriores, sabríamos que no era así. Pero, en cualquier caso, la intuición genial de este amante de la poesía antigua llevó a desvelar finalmente el emplazamiento de la legendaria ciudadela de Príamo.

Aparte de su relevancia indudable en el plano arqueológico por el hecho de sacar a la luz los restos de aquellas ciudades —algunas de ellas de notable antigüedad y que atestiguan la Edad del Bronce y el trasfondo histórico de los versos atribuidos a Homero—, no cabe subestimar la enorme importancia histórica y cultural que tuvo este descubrimiento, pues dejó repercusiones de hondo calado en su época. El final del siglo XIX estuvo marcado por un hallazgo que conmocionó la historia de la cultura en su momento. No solo las ciencias de la Antigüedad, sino también el pensamiento, el arte y las diversas corrientes ideológicas se vieron influidas por el redescubrimiento de Troya.

Un buen ejemplo de este terremoto cultural fue la huella

que dejaron estos descubrimientos en el gran filósofo del *fin de siècle* y de comienzos de la modernidad: Friedrich Nietzsche. Si pensamos que el descubrimiento de Troya por parte de Schliemann coincidió en el tiempo con el comienzo de la andadura filosófica del gran Nietzsche, quien a partir de la publicación en 1872 de su controvertida obra *El nacimiento de la tragedia* se alejó de la filología clásica más estricta en pos de un sistema de pensamiento propio, podemos hacernos una idea de lo que supuso en aquel momento para el catedrático de Basilea la gesta de Schliemann. Nada menos que aquel «otro comienzo» («anderer Anfang») para la antigua Grecia que incluía el redescubrimiento de una civilización arcaica, anterior a la blanca, platónica y winckelmaniana Grecia clásica de rectas formas que, en el fondo, Nietzsche aborrecía y combatía. En tal marco cabe leer su impulso de desvelar los orígenes de la poesía trágica y también su empeño por releer a los llamados presocráticos en busca de unos orígenes «más auténticos» de Occidente, de un comienzo distinto: de una experiencia más vitalista para los propios fundamentos e identidad de Europa, buscados siempre en la Grecia clásica y que Nietzsche veía ahora también en el viejo bronce resonante de los versos del Padre Homero, confirmados por la arqueología. Troya, nunca perdida del todo, hacía renacer de nuevo a Occidente.

Alejandría

En el año 331 a. C. una intuición genial llevó a Alejandro Magno a establecer una ciudad en el delta del Nilo. Ya era antigua la relación de los griegos con el país del Nilo, al que miraban con una mezcla de admiración, respeto y envidia, y del que se sentían en parte deudores en los planos cultural, político y religioso. Por eso, cuando el monarca macedonio arribó a tierras egipcias como un libertador frente al dominio persa, se hizo nombrar faraón, visitó el famoso oráculo de Zeus-Amón en Siwa y, pretendiendo casi ser descendiente de aquel dios, hizo una parada estratégica en un lugar emblemático del delta del Nilo, situado entre el mar y el lago Mareotis y enclavado de forma magnífica entre dos puertos. Allí, según nos cuenta Plutarco en la *Vida* que dedicó al conquistador macedonio, Alejandro decidió fundar una de sus muchas «Alejandrías», dentro del reguero de ciudades que llevan el nombre del mítico rey y que jalonan su ruta de conquistas por todo el mundo conocido de aquel entonces. Sin duda, esta Alejandría tendría ecos muy resonantes y el carácter visionario de su fundador solo puede compararse acaso al de los holandeses que compraron la isla de Manhattan a los indígenas o, algo más atrás en el tiempo, al genial Constantino cuando refundó la vieja Bizancio rebautizándola con su propio nombre.

El caso es que Plutarco refiere con detalle la anécdota de la fundación de esta ciudad de Alejandría *apud Aegyptum*. Alejandro mandó trazar el perímetro de sus muros y sus calles con grano de cebada, al no tener la tierra caliza que pedía la vieja costumbre, pero los pájaros acudieron y se comieron todo lo que había sido vertido. Lejos de ver el suceso como una profecía ominosa, los sacerdotes que acompañaban al monarca, quien siempre supo rodearse de un gran aparato propagandístico en cuanto a temas religiosos, interpretaron el vaticinio diciendo que aquella ciudad sería hollada por gentes de muchas razas y lenguas y que daría de comer a una enorme población. Y, en efecto, Alejandría fue la ciudad más populosa de su tiempo, el faro de toda la cultura helénica, con una bulliciosa y vibrante comunidad judía y, posteriormente, romana y bizantina, hasta llegar al mundo islámico. Fue una ciudad irrepetible y maravillosa que, por desgracia, se perdió luego en la noche de los tiempos. La actual Al-Iskandariya egipcia, de unos cinco millones de habitantes, alberga en algún lugar de su interior y de su costa retirada lo que fue otrora la antigua Alejandría, con sus grandes avenidas, el museo y la biblioteca, en el complejo palacial de los reyes helenísticos de Egipto, los descendientes de Alejandro por vía de su lugarteniente Ptolomeo Lago, también llamados Lágidas. Y, por supuesto, el propio emplazamiento de la misteriosa tumba de Alejandro, un mausoleo que vieron por último los emperadores romanos que visitaron la ciudad en la Antigüedad tardía y del que, como de la legendaria biblioteca, nada ya se sabe. El faro, el doble puerto, las instalaciones culturales y deportivas, el Serapeo y otras maravillas de esa enorme ciudad que deslumbrara a la Antigüedad y a sus cronistas están sepultadas en algún lugar desconocido debajo de la actual urbe.

La paradoja de esta cuarta ciudad perdida del mundo antiguo es que sabemos más o menos dónde está, porque actualmente se le superpone la moderna metrópolis egipcia, de dinámico impulso. Pero también precisamente por ello es tan difícil sacarla a la luz, aunque algunos vestigios de su gloria se pueden ver hoy en el museo arqueológico de la ciudad. El trazado de la costa ha cambiado mucho y las capas sucesivas de construcciones y tierra han sepultado para siempre aquella fastuosa capital de los Ptolomeos, que fue encomiada sin parangón desde la época de Alejandro hasta incluso después de la conquista árabe, en el siglo VII. La arqueología submarina, una herramienta que está dando frutos muy prometedores y en la que se han depositado muchas esperanzas, ha revelado últimamente algunos de los misterios de la vieja Alejandría que reposan en el fondo del Mediterráneo. Se han rescatado, por ejemplo, 36 fragmentos del faro, que se han trasladado al teatro romano de la ciudad, así como estatuas e inscripciones y todo un cementerio de barcos con varios pecios muy reveladores del rico comercio de la ciudad. Las portentosas ruinas subacuáticas, que han sobrevivido a terremotos tardoantiguos y medievales, han sugerido a las autoridades la necesidad de construir un museo que las albergue. El futuro nos deparará sin duda hallazgos extraordinarios que ya han empezado a surgir más allá de la atractiva *corniche* que recorre el paseante actual y en la que se halla la nueva biblioteca. Por eso, con justicia, podemos clasificar a la ciudad de Alejandro, aquella que proféticamente fue fundada para alimentar a tantas bocas, como la cuarta de las metrópolis míticas de la Antigüedad perdidas y rescatadas.

Cartago

La gran urbe del norte de África que le hizo sombra a Roma durante varios siglos y que en venganza fue borrada de la faz de la tierra después de la Tercera Guerra Púnica, contienda con la que culminó el legendario enfrentamiento entre las dos grandes potencias del Mediterráneo antiguo, tenía en su inexorable destino ser destruida y olvidada. Cabe recordar el famoso *dictum* atribuido a Catón el Viejo con el que el estricto patricio romano acababa todas sus intervenciones públicas durante los últimos años de las guerras púnicas: «Por lo demás, Cartago ha de ser destruida» (*ceterum censeo Carthaginem esse delendam*), pues solo de ese modo Roma podría prosperar en el panorama político del Mediterráneo occidental. La vieja ciudad que fundaron los comerciantes fenicios procedentes de Tiro a finales del siglo IX a. C. como un gran emporio, y que acabó siendo base de su poderío por todo el Mediterráneo occidental y polo de expansión púnico y fenicio hasta llegar al sur de España y a la nueva Cartago, se enseñoreó muy pronto de las islas y las costas de su radio de influencia. Era inevitable que, en el siglo III a. C., terminase chocando con el otro gran Estado que entonces estaba en plena expansión imperialista, la República romana, en una serie de guerras que comenzaron en Sicilia y culminaron en España, Italia y África. No recordaremos aquí la muy conocida historia de estas guerras, que hace pocos años evocó el historiador Pedro Barceló en un excelente y compendiado libro titulado precisamente *Las guerras púnicas*, pero algunos de sus momentos estelares, como la singladura de los romanos a través del estrecho de Mesina hacia la expansión universal, el cruce de la frontera romano-cartaginesa en Hispania, la inigualable gesta de Aníbal o la conquista y devastación de Cartago por Escipión Emiliano son capítulos imprescindibles de la historia de la Antigüedad. Me gusta pensar, con cierto tono ucrónico que es típico, por otra parte, de algunas novelas modernas —gráficas, sobre todo—, en lo que habría pasado si Roma hubiera perdido las guerras púnicas y fuera Cartago la base de nuestra educación literaria y sentimental. Nunca lo sabremos —ese *what if* del mundo del cómic no se aplica a la historia, aunque sí a la literatura—, pero me da que Aníbal, modelado a partir de otros potentados anteriores, hubiera sido más grande que el propio Alejandro Magno.

Se dice que en el año 149 a. C., curiosamente casi a la vez que Roma se abría la puerta del Oriente con la conquista de Macedonia y la toma de Corinto, Cartago fue tomada a sangre y fuego, con apenas supervivientes —los pocos de ellos fueron vendidos como esclavos—, y que Escipión, para destruir simbólicamente el lugar, ordenó derruir la ciudad hasta los cimientos, que se marcaran surcos sobre el terreno con un arado y que luego se plantase sal para maldecir la tierra y que nada volviera a crecer en ella. Pero Cartago tuvo una vida posterior como sede del poder romano en África que resulta muy interesante. Hay que recordar que fue una ciudad importante en la expansión del cristianismo durante la Antigüedad tardía, frecuentada por figuras como san Cipriano, Tertuliano y san Agustín. Y también tuvo un breve reflorecimiento como capital del «reino pirata de los vándalos» (tomando prestado el título del libro de David Álvarez Jiménez, publicado por la Universidad de Sevilla en 2016) que se extendió a mediados del siglo v por el norte de África, Córcega y Cerdeña, hasta ser recuperada por los bizantinos en el año 534. Pero poco queda de esa vieja Cartago, una ciudad fastuosa y misteriosa, tantas veces destruida como reedificada. Quizá la devastación más importante, aparte de la romana del siglo II a. C., fuera la que causó un gran terremoto en el siglo II d. C., antes de su esplendor tardoantiguo. Esta ciudad perdida de la Antigüedad, detestada pero tantas otras veces revisitada por romanos y bizantinos —que vieron en ella la capital de enemigos, piratas, bárbaros o heréticos—, fue recuperada a finales de los setenta gracias a las excavaciones que se llevaron a cabo desde el final de la Segunda Guerra Mundial. Hoy el Parque Arqueológico de Cartago, declarado Patrimonio de la Humanidad de la Unesco, despliega una serie de restos romanos de enorme calidad, como el anfiteatro y varias villas o termas, que impresionan y dan fe de la gloria de esta vieja ciudad. Más allá quedarán restos de la Cartago púnica, que siguen esperando ansiosos a ser descubiertos debajo de la sal sembrada. La leyenda de los bárcidas del gran Aníbal y los vándalos de Genserico todavía sigue planeando por esos lares, y Cartago es, con justicia, la quinta ciudad perdida y encontrada de la Antigüedad clásica que quiero recordar en estas páginas.

Pompeya

Si hay una ciudad que pareció emerger de la noche de los tiempos para resucitar y cobrar una vida renovada en la modernidad esa es Pompeya, que, junto con Herculano y otros lugares cercanos de la Campania, fue borrada de la faz de la tierra por la brutal erupción del Vesubio ocurrida la noche del 24 de agosto del año 79 de nuestra era. La ciudad, un populoso enclave romano, y sus sorprendidos habitantes quedaron congelados en el tiempo de manera asombrosa. Su redescubrimiento en el siglo XVIII —junto con sus sucesivas y numerosas excavaciones y reconstrucciones— permite que hoy el viajero pueda pasear por una antigua ciudad romana y experimente de forma pasmosa las sensaciones de las calles empedradas y de la vida cotidiana de la Antigüedad. Es como si se hubiera sacado a la luz un retazo de la antigua Roma y de su vibrante vida provincial guardado en un laboratorio: Pompeya era una tesela más en el enorme mosaico de municipios y colonias que configuraron el paisaje de un imperio eminentemente urbano, como fue el romano de la edad del temprano principado.

En efecto, Pompeya se convirtió en municipio tras la conquista de la ciudad por parte de las tropas romanas y, como importante nudo de comunicaciones entre la Vía Apia y el mar, floreció económicamente entre los siglos I a. C. y I d. C., creando una clase de enriquecidos comerciantes, ya ciudadanos romanos, que gozaban de instituciones que imitaban las de Roma. Hubo algunos preludios al estallido del volcán en el año 62, cuando el historiador Tácito refiere que la ciudad fue en parte destruida por un fuerte terremoto y hubo que emprender trabajos de reparación sufragados por los ciudadanos más adinerados. Sin embargo, según el relato de Plinio el Joven, fue la noche del 24 de agosto del 79 —aunque hay discusión sobre la exactitud de la fecha— cuando la ciudad sufrió el gran cataclismo que la sumió en el olvido y que, por cierto, costó la vida a su tío Plinio el Viejo, un apasionado naturalista. Cuenta el sobrino en una carta a Tácito (Ep. 6, 16): «Una nube, procedente de qué montaña no estaba claro desde aquel lugar (aunque luego se dijo que venía del monte Vesubio), estaba ascendiendo [...]. Parecía ora clara y brillante, ora oscura y moteada, según estuviera más o menos impregnada de tierra y ceniza. Este fenómeno le pareció extraordinario a un hombre de la educación y cultura de mi tío, por lo que decidió acercarse más para poder examinarlo mejor». Sabemos que murió por inhalación de la nube tóxica al investigar el fenómeno.

Si es apasionante la historia de Pompeya, la de su redescubrimiento es interesantísima. Aunque ya en 1550 el arquitecto Domenico Fontana encontró algunas ruinas de época romana, luego conocidas como Pompeya y Herculano, restos de un mundo urbano que se creía perdido para siempre, no fue hasta la llegada del ilustrado rey Carlos VII de Nápoles, más conocido como Carlos III de España, cuando, entre 1759 y 1788, se iniciaron los trabajos arqueológicos bajo la dirección, entre otros, del aragonés Roque Joaquín de Alcubierre. Las colecciones reales de Madrid, Roma y Nápoles acrecieron desde entonces con los hallazgos del lugar y las excavaciones tuvieron un increíble impacto cultural, como narra Mirella Romero en *Pompeya. Vida, muerte y resurrección de la ciudad sepultada por el Vesubio*. Tras una primera parte sobre «Pompeya en la Antigüedad», la segunda parte del libro se dedica precisamente a la posteridad de la ciudad, una suerte de «resurrección» que cambió la historia de las ideas estéticas para siempre y dio carta de naturaleza al neoclasicismo, que imperó en todas las grandes capitales europeas.

Pero ¿cómo era la vida diaria en la ciudad a la sombra del Vesubio? No solo podemos visitar los templos, bodegas, mercados y prostíbulos, así como contemplar impresionados los moldes de los cuerpos de los pompeyanos aterrorizados que se ven en el Jardín de los Fugitivos tratando de escapar de una muerte cierta, sino también acompañar la visita leyendo a los clásicos latinos de la época, la estupenda novela *Los últimos días de Pompeya*, de Edward Bulwer-Lytton (1834), o algunas evocaciones modernas de esta fascinante historia. Muy recomendable es, entre ellas, la recreación literaria que ha hecho Fernando Lillo en el libro titulado *Un día en Pompeya*, que vuelve a resucitar la vieja ciudad romana para el público de habla hispana. En este sugerente libro, de la pluma de uno de los mejores divulgadores del mundo clásico en nuestro país, se toma el pulso a la vida cotidiana de Pompeya justo antes de la erupción del volcán narrando una jornada en ese contexto de la vida cívica. En suma, ya sea para arqueólogos, novelistas, ensayistas o historiadores del arte, la historia de esta ciudad perdida de la Antigüedad, felizmente reencontrada —la sexta de este rápido catálogo—, fue un capítulo imprescindible en la historia de las ideas. Volveremos sobre ella como hito de la historia de la arqueología.

Palmira

Palmira, joya grecorromana del desierto sirio, es la última de esta lista de ciudades perdidas de la Antigüedad, reencontradas en la modernidad, que dejaron honda huella en la historia de las mentalidades. Surgida de las arenas del desierto, fue objeto de ensoñaciones orientales desde su redescubrimiento en el siglo XVIII merced a la figura de la reina Zenobia, una poderosa mujer, a la que ya conocemos, que desafió a Roma y declaró la independencia de un efímero imperio. Esta historia ha sido materia de leyenda y novela desde antiguo: la reina guerrera, que puso en jaque a las tropas romanas e hizo de Palmira su capital. La ciudad espléndida, florecida como enclave y cruce de caminos en la legendaria Ruta de la Seda, se enriqueció en ese «corazón del mundo», parafraseando el título del estupendo libro de Peter Frankopan.

Orgullosa ciudad «entre dos imperios», como quería Plinio el Viejo, Palmira creció gracias a los favores de emperadores como Adriano y, luego, entre las turbulencias romanas del siglo III. El padre de Zenobia fue el gobernador romano de la ciudad Julio Aurelio Zenobio y antecesor de su marido Odenato, que destacó en tiempos de Galieno como defensor de la romanidad ante los bárbaros. Pero Palmira tendía a la secesión y ambicionaba independizarse de Roma. Cuando una intriga palaciega acabó con la vida de Odenato, la ciudad y su poderío quedaron bajo el mando de Zenobia, a la sazón descendiente de monarcas helenísticos. Ella reclamó el trono y supo aprovechar la debilidad de los romanos para poner en jaque al ejército de Galieno y de Claudio II Gótico y enseñorearse de todo el Oriente romano. El extenso imperio que edificó Zenobia —gracias a la crisis romana y, por otro lado, a la flaqueza del poder sasánida— llegó a dominar la región sirio-palestina, Egipto y amplias zonas del sureste de la actual Turquía.

Sin embargo, su poder tenía los pies de barro, pues Aureliano, el nuevo emperador, un militar forjado en los Balcanes, fue recuperando los territorios perdidos desde Egipto —donde se dice que se destruyó parte de la Biblioteca de Alejandría— hasta la propia Palmira, restaurando el poder de Roma y llevándose presa a Zenobia en el año 273. En la urbe se perdió su rastro, y no se sabe si fue ejecutada, si murió por enfermedad o si, como quiere una tradición, fue perdonada por el emperador —impresionado por su belleza y su sagacidad— de la traición a Roma, que ella achacó a un consejero, y se le concedió un dorado exilio en Tívoli. Comoquiera que fuese, la belleza de Zenobia corre pareja con la capital que edificó, como atestiguan sus imponentes restos: el valle de las tumbas, el *tetrapylon*, los relieves —tanto romanos como orientales—, el teatro, el decumano o el templo de Bel se alzan en el contexto seductor y fascinante del desierto.

Palmira fue redescubierta, como otras grandes ciudades perdidas de la Antigüedad, en el siglo XVIII, en el ambiente del Grand Tour, que llevó a los europeos a buscar las ruinas del mundo clásico griego y latino no solo en sus emplazamientos originarios —las penínsulas itálica y balcánica—, sino más allá, en el oriente helenizado en este caso. Palmira fue testigo, desde 1750, de varias expediciones que visitaron el lugar después de su redescubrimiento para Occidente durante el siglo anterior. R. Wood y J. Dawkins publicaron una obra que impactó en el imaginario occidental, como también lo hicieron las acuarelas del francés Louis-François Cassas. Recreaciones literarias como la del conde de Volney llevaron a un *boom* palmireno en Europa, donde la historia de Zenobia fascinó a pintores como Tiepolo y se dio carta de naturaleza a diversas óperas y obras teatrales con el tema de la reina romántica cautiva de Roma.

Hasta el XIX no empezarán las excavaciones científicas y habrá diversas ficciones posteriores hasta llegar, entre nosotros, a estupendas novelas como las de José Luis Sampedro (*La vieja sirena*) y José Luis Corral (*La prisionera de Roma*). Como sabemos, Palmira, declarada Patrimonio de la Humanidad por la Unesco en 1980, fue tristemente conquistada por el Estado Islámico durante la guerra de Siria: su viejo teatro, emblema de la civilización grecolatina, devino horrible escenario de ejecuciones cruentas (entre otras, la del exdirector del yacimiento arqueológico) y los bombardeos y las devastaciones del Daesh causaron graves daños, pero, por fortuna, en 2017 fue liberada. En fin, como las anteriores ciudades, Palmira, la que cierra este capítulo, representa de algún modo la conjunción entre la parte material del legado clásico y la parte inmaterial y eterna que pervive en los textos literarios grecolatinos: una simbiosis entre mito e historia, arqueología y fascinación literaria. Como puede verse, larga es la sombra de estas ciudades perdidas de la Antigüedad y de su arqueología sentimental, heredada del mundo clásico, que ha impactado sobremanera en la historia cultural de Occidente.

7 AVANCES MÍTICOS DE LA ARQUEOLOGÍA

De Alcubierre a Fiorelli: el redescubrimiento de Pompeya, 1738

Los albores de la arqueología se relacionan con el movimiento de los anticuarios del siglo XVIII, aunque sus raíces se hunden más atrás en el tiempo, pues indagar en los orígenes siempre ha apasionado a la humanidad. Las sociedades de anticuarios inglesas o escocesas nacen de la mano del interés por los estudios de la Antigüedad. Hay que destacar, por ejemplo, las primeras excavaciones de Stonehenge realizadas por William Harley. La fascinación por los restos se usaba para la reconstrucción mítica de un pasado, de forma protorromántica. Todo este movimiento hay que relacionarlo con la aparición de esos jóvenes ilustrados que acudían al sur de Europa en busca de los vestigios de las civilizaciones clásicas.

Sin embargo, todo comenzó en las inmediaciones del Vesubio. Casi se puede decir que la historia de la arqueología moderna está ligada a la evocación ilustrada de la gran catástrofe que asoló las ciudades romanas de la Campania helenizada en el siglo I de nuestra era. Sucedió en ese Nápoles de acento hispánico de las dos Sicilias, donde el rey Carlos VII, que luego sería Carlos III de España, impulsó la fiebre anticuaria que más tarde recorrerá media Europa. Nápoles había sido un centro económico y cultural de gran importancia para la monarquía hispánica en los siglos precedentes; con el establecimiento de una nueva dinastía, nuevas riquezas afluían a la ciudad, además de jóvenes del norte de Europa que acudían fascinados por *il bel paese* y su historia. Hay que datar ese momento fundacional en 1738, cuando empezaron las excavaciones de Herculano, que diez años más tarde pasaron a Pompeya. El espectacular descubrimiento de la «Villa de los Papiros» trae consigo el hallazgo de una cultura casi intacta, revoluciona Europa y apasiona a los eruditos del norte que acuden al sur. Un ejemplo es el propio Goethe y su viaje a Italia, pero previamente encontramos la figura clave de Johann Joachim Winckelmann, padre fundador de la arqueología y figura tutelar del Instituto Arqueológico Alemán (le dedica su fiesta anual como a una especie de santo patrono). Winckelmann teorizó sobre el carácter modélico del arte antiguo y viajó por Italia para estudiar los restos de la escultura griega y romana. El desarrollo de sus teorías fue algo fabuloso.

Otro gran personaje de la época es el ingeniero aragonés Joaquín de Alcubierre, relacionado con la corte de Carlos III. Se le debe atribuir el crédito pionero de haber excavado Pompeya y Herculano. Cuando se inician los trabajos para construir un palacio en Portici, Alcubierre descubre los restos romanos y le pide permiso al rey para emprender las excavaciones. Sus trabajos, aunque rudimentarios, sentaron las bases del descubrimiento de un nuevo mundo, el de la arqueología, que revolucionará la conciencia europea. Incluso la literatura, con el *boom* de la novela histórica, o los estilos artísticos —el llamado *grottesco*— se verán afectados por el descubrimiento de los frescos. Intrigas y peleas con sus subordinados, sobre todo con el suizo Karl Jakob Weber, hicieron que Alcubierre acabara relegado de su puesto y que su figura se viera eclipsada por los arqueólogos procedentes del norte de Europa, sobre todo por Winckelmann.

En Pompeya y Herculano podemos localizar, pues, la «zona cero» de la arqueología europea, sobre todo la referida al mundo clásico, aunque también haya otros pioneros clave, como veremos, en relación con Egipto. Pero, en principio, la arqueología clásica fue la arqueología por excelencia, y lo sigue siendo de cierta manera. Pompeya resultó la piedra de toque que abrió el camino a otros lugares de la cultura clásica. Sobre todo, Grecia, con el muy polémico lord Elgin, o Egipto, con los ejércitos de Napoleón. Y es que muchas veces arqueología e imperialismo fueron de la mano, cosa de la que dan fe los grandes museos europeos y el actual debate de su mal llamada «descolonización». En torno a Pompeya, también hubo cierto mito romántico (como la ya citada novela de Edward Bulwer-Lytton de 1834) y nacionalista, como se ve en la figura de Giuseppe Fiorelli, el arqueólogo y patriota italiano del *risorgimento* que pasó por la cárcel y acabó publicando en tres volúmenes su magna obra sobre Pompeya y siendo director del Museo Arqueológico de Nápoles. Ideó el procedimiento de los calcos de cadáveres para recuperar la forma de los cuerpos de las víctimas de la erupción del Vesubio, además de contribuir enormemente al halo mítico del yacimiento, donde, de forma muy verosímil, puede iniciarse la historia de la arqueología moderna.

De Jones a Rawlinson: la vía india y Oriente Medio, 1838

El siglo XIX fue importantísimo para el descubrimiento de la «otra» Antigüedad, la que venía de Oriente y nos recordaba que, pese al etnocentrismo que había marcado el *revival* neoclásico europeo, las raíces de Occidente, de su idea de la razón y, por ende, del ideal del Siglo de las Luces estaba mucho más al Oriente de lo que se solía pensar. *Ex Oriente lux*. Y si decíamos que arqueología e imperialismo corrieron parejas en más de una ocasión, una vez más fueron las armas las que, polémicamente, dejaron el paso expedito a las letras: la conquista británica de la India abrió las puertas para una comprensión más global de las antigüedades, de la de Oriente a la par que la de Occidente.

Más allá de la obsesión de la filología clásica por Grecia y Roma, que destaca con el renacimiento moderno de esta disciplina en la Alemania de F. A. Wolf y del clasicismo de Weimar, cuando el Imperio británico se enseñorea de la India, se abre la vía del comparatismo. No solo en el ámbito de la lingüística, con la comprensión del sánscrito y del védico gracias a William Jones y a otros sabios que comparan las lenguas de la antigua India con las de la antigua Europa, sino también en el mundo de la cultura y de la narrativa patrimonial, cuando, más tarde, otros eruditos como Max Müller inauguran las ciencias de las religiones y mitologías (*Religionswissenschaft*) comparadas, al relacionar a Homero con el *Mahabharata*. El anticuario se abre a la visión comparatista y, por ende, a su arqueología. Empieza a desarrollarse, desde el Oriente Medio hasta las estribaciones de la India, un interés enorme sobre estos asuntos. Lengua y cultura material, o, mejor dicho, desciframientos y comprensión lingüística, van a la par con las excavaciones y la comprensión de la riqueza de la cultura material.

El gran imperio colonial británico proporcionaba una buena oportunidad para la incipiente arqueología. Un ejemplo fue la figura de Augustus Pitt Rivers, que desarrolló innovaciones metodológicas y museológicas, y destacó por sus estudios arqueológicos no solo en Gran Bretaña, sino a la hora de realizar una colección etnológica con piezas de todo el mundo. La apertura de la India, en cambio, le debe más a la figura fundadora del citado William Jones, fallecido en Calcuta en la época de la Revolución francesa. Fue él quien estudió con detalle la poesía árabe y persa, y luego se lanzó a la lingüística india y china. El orientalismo comienza con él, muy ligado al fenómeno imperial británico, como más tarde investigaría Edward Said en su fundamental libro *Orientalismo* (1978). La disertación de Jones sobre la literatura oriental de 1771, seguida por una gramática de la lengua persa y por investigaciones sobre las tradiciones poéticas orientales, ayudaron a abrir el paso hacia la identificación de la familia lingüística indoeuropea que luego desarrollarían los lingüistas alemanes, los Grimm y Bopp entre otros, al advertir de forma pionera las semejanzas entre el sánscrito, el griego y el latín en su trabajo de 1786. Nombrado miembro de la Royal Society, la Compañía Británica de las Indias Orientales le erigió un monumento tras su muerte.

Otro pionero del orientalismo europeo, también vinculado al Imperio británico y a esta mítica y controvertida compañía, fue Henry Rawlinson. Destacó por sus estudios de lengua persa. Su mayor fama se debe a haber descifrado la famosa inscripción cuneiforme de Behistun. Esta instrucción trilingüe, en persa, elamita y babilonio, fue colocada en la pared de un acantilado al noroeste de Irán en época aqueménida, en pleno siglo v a. C. Se la considera «la piedra de Rosetta del orientalismo», pues permitió inaugurar los estudios sobre las lenguas recogidas en la escritura cuneiforme a partir de mediados del siglo XIX. Los posteriores estudios sobre las lenguas y culturas de Asiria y Babilonia, las dos partes, septentrional y meridional, de lo que los griegos conocieron como «Mesopotamia» (la tierra «entre ríos», según su etimología griega), han corrido parejos desde entonces a las excavaciones arqueológicas. La vía oriental fue, paradójica y a veces polémicamente, abierta por el imperialismo británico; sus hallazgos nutrieron durante mucho tiempo los museos de la capital y las instituciones de investigación del Reino Unido, especialmente el Museo Británico, donde hoy, por ejemplo, podemos contemplar los relieves asirios o los grandes toros alados, pero también las de otros lugares como

Alemania, en cuyo Altes Museum se guarda la famosa puerta de Ishtar, procedente de Babilonia. Fue, en todo caso, una edad fundacional para la arqueología de Oriente y para la lingüística. Los frutos los recogieron posteriormente arqueólogos, por ejemplo, Mortimer Wheeler, en sus excavaciones por el valle del Indo.

De Schliemann a Ventris: el descubrimiento del mundo micénico, 1871

Entre mitos e historia, la arqueología logró en ocasiones decantar la balanza por el segundo término del sintagma. Así sucedió, por ejemplo, con el emblemático caso de Heinrich Schliemann, aventurero, comerciante y arqueólogo alemán, que comenzó en el terreno del mito, pero que al final terminó por revolucionar la historia. Como ya sabemos, Schliemann fue educado en el amor por los poemas homéricos, que recordaban un mundo heroico del pasado, y creció fascinado por la historia de aquella edad oscura a la que se refería el mítico aedo, que hundía sus raíces en el siglo XIII a. C. La épica de los cantores homéricos relacionada con la edad de los héroes que murieron luchando en torno a la llanura de Troya, que en principio se tuvo por un mito, se demostraría histórica con el pasar de los años y sería llamada micénica por los estudiosos posteriores. La peripecia de Schliemann no tiene parangón en la historia de la arqueología. Hoy, desde luego, una figura como la suya resulta inconcebible. Enriquecido en la carrera del oro de la costa oeste de Estados Unidos y tras comprar las voluntades de los gobernantes de la Sublime Puerta, el Imperio otomano, Schliemann se movió guiado por una asombrosa intuición, nacida de sus devotas lecturas de Homero. Al fin, encontró frente a la isla de Ténedos, bajo la colina de Hissarlik, varias Troyas superpuestas que serían luego consagradas por los arqueólogos posteriores como ciudadelas de diversas épocas. Pero también, como vimos, supo buscar las raíces del mundo llamado micénico en el Peloponeso, donde los grandes Estados de esta edad palacial, previa a la Grecia clásica, camparon a sus anchas durante los siglos de oro y hasta la edad oscura, entre el *wanaka* y el *qasireu*. Pilos, Tirinto o Micenas, con sus muros ciclópeos y su Puerta de los Leones, asombraron al mundo, como las fotografías que tomó Schliemann con el llamado «tesoro de Agamenón», que el mitómano arqueólogo quiso identificar enseguida con el fastuoso mundo que los poemas homéricos iluminan. La tremenda gesta arqueológica, que en su tiempo fue alentada por la fascinación hacia aquellos griegos de la Edad de Bronce, que recuerdan a los aqueos de túnicas de bronce y que cantaban los homeridas, es realmente inagotable.

Gracias a las investigaciones filológicas posteriores de Chadwick y Ventris se descubrió que el sistema de escritura que los griegos micénicos habían adoptado de los minoicos, llamado lineal B, era en realidad una forma arcaica de la lengua griega. En cierto modo, la intuición de Ventris hace de él una figura paralela a la de Schliemann, pues ambos eran *outsiders* de la arqueología y de la academia. Ventris, cuando tenía solo catorce años, quedó fascinado en una conferencia de Arthur Evans, el descubridor de Cnoso, e inició entonces su peripecia vital, aventurera y prematuramente truncada que tanto llama la atención hoy en día. En aquella conferencia sobre el mundo minoico, Evans mencionó las enormes dificultades a la hora de descifrar la escritura lineal que se había encontrado tanto en Creta como en el Peloponeso. Fue este desafío lo que impulsó a Ventris, arquitecto de profesión, a obsesionarse con el tema y a acometer el intento de desvelar aquel mundo misterioso, en plena edad de los grandes descubrimientos que iban a cambiar la arqueología en la época. Fascinado por las escrituras y espoleado por la incapacidad de los expertos para entenderlas, dedicó muchísimo tiempo a ello. En los años cincuenta divulgó sus descubrimientos y sus traducciones, incluso en la BBC. Al final, gracias a la ayuda del clasicista John Chadwick, pudo descifrar el lineal B. Hoy en día, el campo de la micenología —en el que, por cierto, España es puntera— ha podido desvelar gran parte de los entresijos de aquella fascinante cultura palacial que empezó a abrirse a la ciencia de la Antigüedad gracias a un personaje que hoy llamaríamos «diletante». Es curioso cómo, a veces, los grandes expertos se bloquean y no ven las cosas claras hasta que llega un intuitivo investigador ajeno al asunto y aporta una visión fresca y clara capaz de solucionarlas.

Esto nos recuerda cuán importante es la determinación personal y la obsesión por un tema para lograr el éxito académico. Ejemplos de ello son figuras tan singulares como la de Schliemann en Troya y Micenas, o la de Ventris en relación con la escritura micénica. Finalmente, después de luchar en la Segunda Guerra Mundial, Ventris disfrutó de un gran éxito: lamentablemente, murió muy joven, a los treinta y cuatro años, en un accidente de tráfico. Gracias a él y a Chadwick, que publicaron sus investigaciones en su pionero libro *Documentos en griego micénico*, se abrió la vía para comprender esta época fascinante.

De Champollion a Evans y Carter: tesoros egipcios y minoicos, 1800-1900

Al igual que hicieron los británicos con la apertura de Oriente Medio y la India a la investigación lingüística, histórica y arqueológica, puede atribuírsele a la escuela francesa abrir la vía para la egiptología ya en el siglo XIX. La primera y más temprana egiptología se debe relacionar con otra suerte de imperialismo, que situó a los franceses en Egipto con las tropas de Napoleón, entre el Directorio y el Primer Imperio. De esa expedición fundacional de la arqueología moderna surge nada menos que el hallazgo y desciframiento de la comúnmente conocida como «piedra de Rosetta», que sienta las bases de la egiptología. Desde entonces, Egipto será la más anhelada meca de los arqueólogos con el fin de descubrir sus innumerables tesoros. El recorrido que hace la arqueología egipcia desde la Rosetta de Champollion al espectacular hallazgo de la tumba de Tutankamón por parte de Carter, hace más o menos un siglo, es un fascinante y fulgurante camino de éxito.

Egipto era la otra antigüedad sumergida, no solo bajo las arenas del desierto que rodea el Nilo, sino también debajo de la conciencia europea. Desde muy temprano hubo una clara egiptomanía entre los europeos, empezando por los griegos y los romanos, conscientes de su deuda hacia el país del Nilo. Ya Heródoto fue su primer devoto y el propio Platón se inspiró en Egipto para sus diálogos. Por no hablar de los romanos, cuya pasión por Egipto es bien conocida, desde el caso de César y Antonio, con la fascinación por Cleopatra, hasta llegar a Adriano y sus viajes por el país del Nilo en compañía de su recordado amante Antínoo. Y es que Egipto es una Europa antes de Europa. Es clara la deuda con esta fascinante civilización que sintieron ya los griegos clásicos o de época helenística. Así, cuando en el año 1900 Arthur Evans descubre una civilización fastuosa y hermosísima en Creta, a la que luego llamaría «minoica», venía a constatar el influjo egipcio y orientalizante en los orígenes de Europa en esa isla encrucijada de caminos marinos. Otro hito de la arqueología es la excavación de Cnoso y su llamado «laberinto».

Pero comencemos por el principio: en su campaña egipcia de 1798 a 1801, Napoleón se llevó consigo a medio millar de civiles especialistas en diversos campos de la ciencia. Entre ellos estaba el famoso Jean-François Champollion, filólogo y orientalista que descifró la piedra Rosetta. Es sabido que los británicos derrotaron a los franceses en esa campaña y se llevaron la pieza al Museo Británico, donde es uno de los objetos más venerados. En cualquier caso, la egiptología tiene raíces anteriores, ya desde época romana, cuando el grecoegipcio Horapolo propone una interpretación simbólica de los jeroglíficos. Los emperadores se llevaron muchos obeliscos a su capital; los viajes de la Edad Media y Moderna a tierra santa a veces estaban vinculados con el país del Nilo. Hay que citar la figura de Athanasius Kircher, otro padre fundador de la egiptología en el siglo XVII, que mostró el vínculo del copto con el antiguo egipcio e investigó los jeroglíficos. Pero hubo que esperar a la piedra de Rosetta, que lo cambió todo, para poder entenderlos correctamente.

A lo largo del XIX y XX, británicos, alemanes e italianos se sumaron a las investigaciones sobre Egipto. Hubo grandes avances, como los protagonizados por Flinders Petrie, que estableció una metodología científica para preservar los restos que hallaban; fue el primer investigador que ostentó una cátedra de egiptología en Gran Bretaña. Se han citado a menudo otros nombres como padres de esta disciplina académica, tales como el francés Emmanuel de Rougé o el italiano Ippolito Rossellini. Hoy en día, el Museo Egipcio de Turín es una referencia mundial junto con el Louvre y el Museo Británico. Entre 1893 y 1903 se elabora una primera cronología científica del Egipto antiguo, aunque la egiptología europea sigue adoleciendo de cierto sesgo colonial hasta después de la Primera Guerra Mundial, según cada tendencia historiográfica. No sería hasta el hallazgo de la tumba del faraón de la decimoctava dinastía Tutankamón, en noviembre de 1922, bajo la égida del arqueólogo británico Howard Carter, cuando la egiptomanía alcance sus cotas más altas en Occidente. El descubrimiento fue todo un mazazo en la memoria colectiva y dejó una honda huella en la cultura popular. Los arqueólogos han evolucionado mucho en su investigación de Egipto, con la ayuda de las autoridades egipcias y el Consejo de Antigüedades, que han impedido el expolio de este país. Actualmente, en Egipto tienen gran cuidado de ello.

Entre Oriente y Occidente: arqueología y lenguas orientales. De Evans y Hrozný a Kenyon

A medio camino entre Oriente y Occidente creció la semilla de la arqueología y se produjeron sus más sorprendentes descubrimientos, entre la fascinación de los sabios europeos por las brumas del Cáucaso o el Hindu Kush tras las huellas de Alejandro, de las rutas marineras de minoicos y fenicios y de las caravanas de la Ruta de la Seda que confluían en la mítica Palmira. Pese a la impronta del imperialismo, que pobló los museos de piezas procedentes de expolios y conquistas, poco a poco se fue abriendo paso una arqueología más respetuosa y justa, hasta llegar a nuestros días. Lo que fue consolidándose sin reparo alguno fue el conocimiento científico del pasado, que aspiraba a deslindar mito e historia, aunque no siempre fuera posible.

Uno de los más grandes y populares hallazgos entre Oriente y Occidente fue la conocida cultura minoica, a la que ya hemos aludido. La figura clave de los tiempos heroicos fue el ya citado arqueólogo Arthur Evans, un personaje inclasificable que marca la *belle époque* y la historia de las ideas con su descubrimiento, que cambió la estética de su tiempo. En su caso, también hay una obsesión personal concreta que lo llevó, después de graduarse en Oxford, a desarrollar el concepto de una civilización helénica intermedia con Oriente y Egipto y, después de su época en los Balcanes y sus trabajos previos, le condujo a buscar en Creta el enlace perdido entre Grecia, Oriente y Egipto, es decir, las verdaderas raíces de Europa. Su obra, aunque poco ortodoxa según la perspectiva actual, resulta muy interesante para comprender cómo la arqueología cambió la historia de las ideas y la cultura.

Tres investigaciones pioneras relacionadas con el Antiguo Oriente, simbolizadas por tres grandes personajes como André Parrot, Ernest Renan y Robert Koldewey, se enfocan en Mari, Fenicia y Babilonia, e interesarán cada vez más al público general. El subgénero de la arqueología bíblica, a veces fuertemente ideologizado, es un tema aparte que suscitará un enorme interés. Las ciudades surgidas de las arenas del desierto como Petra, Palmira o Ctesifonte tienen su historia casi legendaria. Jean Louis Burckhardt, un viajero suizo disfrazado de árabe, halló la primera en 1812, tras una peripecia casi novelesca. Desde entonces se ha profundizado enormemente en el conocimiento de las lenguas y culturas de Oriente.

Pero en el descubrimiento gradual del Oriente, tras Cnoso, arqueología y lingüística han ido de la mano para encontrar las raíces de las diversas culturas que van conformando. La historia antigua, desde el mundo sumerio hasta los diversos pueblos semitas o indoeuropeos, se iba creando, cuando los hallazgos de la cultura material no llegaban, gracias a la colaboración intensa de arqueólogos y filólogos capaces de desentrañar la madeja de las lenguas. Así ocurre, por ejemplo, con el desciframiento de las tablillas de Ugarit, con el descubrimiento del mundo semita, una auténtica revolución en su tiempo, o con el de las fuentes de la cultura hitita, la primera gran comunidad política de raigambre indoeuropea. En cuanto a esta última, destaca la labor del investigador checo Bedrich Hrozný, lingüista y orientalista, que tiene el mérito de haber sentado las bases para la hititología. La escritura común en la que se consignó el hitita, la cuneiforme, daba problemas para identificarla. Tras una expedición alemana a Hattusas, capital del antiguo imperio, Hrozný pudo descifrarla, mientras estaba sirviendo en el ejército austrohúngaro, durante la Primera Guerra Mundial, como una lengua indoeuropea, comparando sus morfemas con los del latín y el griego. Acabó publicando su gramática en 1918.

Otra figura espléndida de esta época heroica es la de Kathleen Kenyon, la arqueóloga inglesa que en los años cincuenta excavó Jericó, una de las ciudades más antiguas de la humanidad. Tras su formación en Oxford, fue cofundadora del Instituto de Arqueología del University College de Londres. Kenyon fue una de las mujeres pioneras en el mundo de la arqueología. Su trabajo en Jericó le dio fama mundial y sentó las bases de la moderna metodología de las excavaciones en el mundo del antiguo Levante, desde el Neolítico hasta la Edad del Bronce. La escuela británica, que representan tanto ella como Mortimer Wheeler, otro referente del método estratigráfico en sus trabajos desde la Inglaterra romana a Pakistán, fue especialmente importante en la apertura de Oriente.

De Boucher a Breuil: las brumas de la prehistoria

La indagación en las raíces de la humanidad, más allá del surgimiento de la revolución agrícola y de la ciudad, supone remontarse a insondables edades, muchas veces envueltas por la bruma de la leyenda. Hay que valorar especialmente las diversas revoluciones en el estudio de la prehistoria que se han dado desde el siglo XIX hasta nuestros días de la mano de la arqueología, con especial énfasis en el caso de las culturas del Paleolítico, donde destacan el caso de Altamira o de Trois Frères, así como la espectacular incidencia del arte rupestre en nuestra cultura. Y así hasta llegar a nuestros días, con las increíbles novedades de la arqueología prehistórica en Atapuerca y otros espectaculares yacimientos. Es acaso una rama de la arqueología donde los avances quizá han sido menos espectaculares, por no tratarse de civilizaciones con grandes construcciones, como la egipcia o la grecorromana, sino basadas sobre todo en una historia de la cultura material y de la antropología, con restos humanos que hay que investigar también desde la perspectiva médica y genética.

Sin embargo, el interés por las brumas de la más remota Antigüedad, aparte de la evolución de la antropología y de los diversos homínidos, se ha centrado en el estudio de la sociedad de cazadores-recolectores en el mundo de la Edad de Hielo y en el Paleolítico, lo que ha llevado a hablar de una arqueología antropológica. El danés Christian Jürgensen Thomsen o el francés Boucher de Perthes, que pueden ser considerados padres fundadores de la arqueología prehistórica, destacaron por sus colecciones de artefactos de piedra y hachas talladas en yacimientos del Paleolítico. El italiano Giuseppe Scarabelli fue uno de los primeros que aplicaron un método científico a esta arqueología prehistórica, desarrollando notablemente el método estratigráfico. Pero, sin duda, la parte más espectacular de estos hallazgos, aparte de los artefactos de la vida cotidiana, son las muestras del arte y de la capacidad simbólica de nuestros más remotos antepasados, que se atestigua tanto en la pintura sobre paredes de las rocas y de las cuevas como en los diversos objetos de arte exento, como pequeñas estatuas y adornos.

Los ejemplos más antiguos de pintura rupestre en cuevas quizá tengan más de 50.000 años y se encuentran en Francia, España e Indonesia. Hay en estos lugares grandes ejemplos de pintura rupestre y se puede hablar de dataciones tan antiguas como los 60.000 años. Mención especial merece el caso de los teriántropos, o híbridos entre hombre y animal, que se realizaron hace al menos 44.000 años. Y hace entre 30.000 o 15.000 empiezan a aparecer figuras como el hombre-león de Ulm, el hombre-pájaro de Lascaux, los gamos de Teyjat o el «brujo» con astas de ciervo de Trois Frères. Algunos híbridos de la España paleolítica pueden ser el mono de la cueva de Hornos de Peña o los cabezudos de la cueva de los Casares. También hay antropomorfos astados e itifálicos en esa singular «Capilla Sixtina» del arte rupestre que es Altamira. El Paleolítico es una época crucial desde Europa hasta el sudeste asiático.

Hay que mencionar a los pioneros de estas investigaciones, como el español Marcelino Sanz de Sautuola y los franceses Gabriel de Mortillet o Émile Cartailhac, protohistoriador y padre fundador de los estudios de arte rupestre desde el hallazgo de Altamira. El *abbé* Breuil, sacerdote experto en arte rupestre, también trabajó en las pinturas de Altamira y en otros lugares, y fue un gran descubridor de artefactos y pinturas en Francia y en Sudáfrica. Junto con el conocido jesuita Pierre Teilhard de Chardin investigó las más remotas antigüedades en paleontología humana, desde la cueva del Castillo, en Cantabria, a otros lejanos ejemplos, como el llamado «hombre de Pekín». En este campo de trabajo, especial mención merece el análisis del arte sobre roca de muy diversos pueblos, desde las Américas a los bosquimanos. En esto han destacado arqueoantropólogos como Walter Baldwin Spencer o Francis James Gilliam, que estudiaron a los nativos australianos; a partir de ahí se ha intentado también poner en contexto a las figuras del arte más arcaico. Hoy sigue resultando una de las ramas míticas de la arqueología.

De Stephens a Bingham: arqueología y lenguas americanas. Otras arqueologías

La arqueología ha seguido avanzando en los últimos años a partir de notables descubrimientos, sobre todo desde la segunda mitad del siglo XX, de la mano de grandes innovaciones metodológicas. Algunas de estas novedades surgieron a partir de la investigación de las antiguas culturas de América. También en este campo, como en el Antiguo Oriente, la lingüística, la literatura, la antropología, el folklore y la mitología —estas últimas disciplinas se funden en cuanto a los pueblos de América, algunos de los cuales conservan estas tradiciones vivas— han corrido parejas con la investigación sobre la cultura material para un mejor conocimiento de estas realidades históricas.

Se combina el estudio de la prehistoria del continente americano y de sus pueblos indígenas con la arqueología de la época histórica, todo ello a la luz de los mitos de diversas culturas, que conocemos también por la visión europea de, por ejemplo, las llamadas «crónicas de Indias» de los españoles. Pienso, por ejemplo, en la riquísima mitología de los aztecas, mayas, incas, con su panteón politeísta y con tantos paralelos con otras culturas de la Antigüedad, en los que indagará la comparatística del siglo XIX. El interés por las antigüedades americanas no solo se intensifica a partir de las crónicas españolas y las publicaciones subsiguientes en Europa, sino sobre todo con la emblemática figura de Alexander von Humboldt, comisionado por el rey Carlos IV para su misión científica en las Américas. Humboldt enlazaba naturalismo y humanismo, y se interesará por el conocimiento de la antropología norteamericana del siglo XIX. Desde entonces se empiezan a compilar mitos y leyendas de los diversos pueblos nativos americanos, desde los sioux, los iroqueses y los apaches a los yanomamis y los patagones, cuyos cuentos configuran una riquísima cosmogonía y cuyas lenguas se empiezan a estudiar en grandes familias.

En general, y dentro de la era precolombina, antes del contacto masivo con los europeos, se estableció una subdivisión en cinco fases, según el trabajo pionero de Gordon Willey y Philip Phillips en 1958, que funda el método moderno de la arqueología del continente. Es importante tener en cuenta que las cronologías de edad antigua (Neolítico, Edad del Bronce, etc.) no coinciden con las establecidas para la prehistoria europea. Por ejemplo, la época llamada «clásica» se extiende desde el siglo VI al XIII, aproximadamente. En torno a ese trabajo académico, hay que recordar los más icónicos hallazgos, desde la avenida de los muertos en Teotihuacán al Machu Picchu, que han proyectado esta arqueología al gran público, también a través de la ficción literaria y audiovisual. Tales hallazgos y los grandes museos, como el imprescindible Museo Nacional de Antropología de México, la han popularizado enormemente.

Un ejemplo muy conocido es el trabajo de John Lloyd Stephens, que siguió los pasos de Humboldt; desde su cargo como embajador en la República Federal de Centro América, indagó en la década de 1840 en las ruinas mayas de Copán, Chichén Itzá, Tulum, Uxmal y Palenque, entre otros lugares.

Pero tal vez el hallazgo más emblemático fuera el de las ruinas del Machu Picchu, el 24 de julio de 1911, gracias al arqueólogo Hiram Bingham, que dirigía una expedición de la Universidad de Yale y aspiraba a descubrir la ciudad perdida de los incas, tal y como señalaba el sugerente título de una de sus monografías. Sin duda, la imagen del arqueólogo aventurero buscando ídolos precolombinos a través de la peligrosa jungla que nos han transmitido las películas de Hollywood tiene mucho más que ver con esta estirpe de investigadores americanos que con los que trabajaron en los yacimientos clásicos o de Oriente.

No obstante, en paralelo a esa imagen que fluctúa entre la realidad y la ficción, también se va construyendo la historia de esta disciplina en la modernidad, a la que se suman muchas otras subdisciplinas de la arqueología, o híbridos con otras ciencias humanas o experimentales, que también han permitido notables avances. Mención especial merece la arqueoastronomía, que ha investigado con especial énfasis la disposición del urbanismo antiguo, sobre todo en los grandes templos y santuarios, con referencia a su orientación hacia las estrellas y el sol. En este campo, por ejemplo, España es un país puntero, como se puede ver en la línea de investigaciones arqueoastronómicas del Instituto de Astrofísica de Canarias. Pero existen más disciplinas: arqueología submarina, arqueobotánica, arqueología zoológica, arqueología forense, arqueología del paisaje, arqueología marítima y otras muchas que han ayudado a investigar el pasado humano y a deslindar, cuando es posible, entre mito e historia.

7 GOBERNANTES
DE LA HISTORIA AL MITO

Ciro II el Grande

El gran imperio multiétnico de los persas aqueménidas nació en torno a la antigua ciudad imperial elamita de Anshan, al sur de los montes Zagros, allá donde cabe situar el núcleo de las gentes de la Pérside, cuya civilización se asentó a principios del primer milenio antes de Cristo. Los persas no eran entonces sino una pequeña *politeia*, un Estado modesto que apenas podía competir con los grandes imperios del momento: los medos y los babilonios. Pero todo aquello cambió con el advenimiento de la dinastía aqueménida y, en especial, con el ascenso al trono de Ciro II, hijo de Cambises I y nieto de Ciro I. Su nacimiento estuvo marcado, según refiere el historiador Heródoto, por sueños y presagios que profetizaban la llegada de un gran conquistador. Muchas veces hay sueños de la madre embarazada que prevé que todo cambiará cuando nazca lo que lleva dentro: parece casi un subgénero en la literatura patrimonial. El abuelo materno de Ciro el Grande, Astiages, sueña que lo que pare su hija embarazada no es humano, sino una marea que lo arrolla todo o una especie de enredadera que se extenderá por todo el mundo, prefigurando el imperio universal de los persas. Por eso, temeroso de perder su poder, ordena a su cortesano Harpago asesinar al niño Ciro, que, siguiendo esquemas del cuento popular, será criado por un pastor para luego cumplir su destino.

Pero, más allá de la mitología y las leyendas herodoteas, este segundo Ciro, llamado «el Grande», fue célebre por ampliar sin parangón el poderío de los persas, colocando los fundamentos de un gran imperio que estaba llamado a dominar todo el Cercano Oriente. En sus primeras campañas comenzó anexionándose el reino vecino de Media con la conquista de Ecbatana (550 a. C.). El paso siguiente fue enfrentarse pocos años después al reino de Lidia, de proverbial riqueza, como cuenta también Heródoto, derrotando a su soberano, Creso, y conquistando su opulenta capital, Sardes. El tercer paso de esta brillante campaña de conquistas fue la victoria sobre los babilonios con la derrota de su último rey, Nabonido, que acabó siendo ejecutado.

Después de neutralizar Media, Lidia y Babilonia, Ciro se volvió hacia las provincias orientales del imperio, en el Asia central. También Siria y Judea, que formaban parte del Imperio babilónico, cayeron bajo su poder. Así, de ser una potencia de tamaño medio y relativamente importante, la antigua Persia ascendió de forma fulgurante durante el reinado de Ciro II hasta convertirse en el gran Estado multiétnico que llegaría a dominar, en su máxima expansión, desde los confines del Indo hasta Egipto, desde Escitia hasta la Jonia griega. Se convirtió en un modelo de imperio gracias a la égida de este rey con fama de ilustrado y sabio, pues Ciro se caracterizó también por su sensata forma de gobernar, respetando las tradiciones locales y organizando un sistema que atrajese a los diferentes pueblos sometidos por diversos imperios anteriores, quienes vieron en los persas a unos aliados. Por ejemplo, dio libertad de culto a los judíos, respetó a los sacerdotes de Baal y Marduk, y tanto partos, medos y escitas como bactrianos rindieron pleitesía al poder persa. Como última etapa de su reinado, hacia el 530 a. C., Ciro intentó pacificar a los pueblos nómadas —conocidos bajo la denominación común de escitas— que campaban por las fronteras septentrionales de su imperio.

El gran rey encontró la muerte luchando contra estos pueblos, concretamente contra la tribu de los masagetas, que estaban a las órdenes de la mítica reina Tomiris, y le dejó el trono a su hijo Cambises II. En definitiva, Ciro estableció las bases de un gran imperio que sus sucesores se encargaron de consolidar. Al mencionado heredero de Ciro, Cambises II, hay que atribuirle la conquista de Egipto (525 a. C.) después de la muerte violenta de su padre en plena campaña contra los masagetas. El sucesor de Cambises, Darío I, fue el gran reformista de la Administración del Imperio persa y el fundador de las satrapías, entes territoriales descentralizados que luego serían heredados por Alejandro Magno cuando sucediera, tras derrotarlo, a Darío III y se hiciera con todo el prestigio del mundo aqueménida. Sin embargo, frente a los Daríos y Cambises y todas las intrigas de la corte persa que transmiten historiadores como Heródoto, fue Ciro II el que quedó en la memoria colectiva de persas y griegos como arquetipo de gran gobernante. Solo hay que recordar que el historiador griego Jenofonte le dedicó un delicioso ensayo acerca de la educación de los mandatarios. El discípulo de Sócrates menos conocido escribió un libro que evidencia la admiración que sintieron los griegos por Ciro el Grande. La *Ciropedia* (del griego *Kúrou paideía*, es decir, «educación de Ciro») es una ficción biográfica basada lejanamente en la vida y hazañas de Ciro que versa, entre otras cosas, sobre las claves del buen gobierno, la mejor educación del gobernante, los preparativos de la guerra y las estrategias de Ciro en sus campañas. Configura un ideal de soberano que en la posteridad se convertiría en un modelo para el género de los «espejos de príncipes», como se ve en la influencia que tuvo no solo en *El príncipe* de Maquiavelo, sino también en *El cortesano* de Castiglione y en otras obras clave del pensamiento político medieval y renacentista. Gobernantes como el rey sueco Gustavo Adolfo II o Thomas Jefferson fueron devotos de este libro. Merece, pues, abrir la lista de los siete grandes gobernantes que, entre mito e historia, se erigieron como modelo de los dominadores del mundo. Ciro fue uno de los primeros en la historia que lograron someter en un vasto imperio a diversas naciones y gobernarlas con justicia en un modelo de déspota ilustrado y soberano eficiente que fue seguido por los potentados posteriores.

Alejandro Magno

La gesta de Alejandro Magno resulta aún hoy inverosímil. Suele ponerse como símbolo iconográfico de su hazaña el célebre mosaico romano, copia de una pintura original helenística, que hoy alberga el Museo Archeologico Nazionale de Nápoles, donde se ve a Alejandro trabando batalla en Iso con el rey persa Darío III, y caracterizado con una mirada casi sobrenatural. Mitómano y obsesivo, se diría que Alejandro se sabía nacido para un destino inmortal, emulando a su querido Aquiles de la *Ilíada* y al gran rey persa Ciro II, y también a otros modelos más allá de la experiencia humana, como el dios Dioniso, que había llegado en su afán civilizador hasta la lejana India, o el mítico Heracles, que había domeñado los confines del mundo conocido. Hijo de Filipo II, llamado el Tuerto tras un lance guerrero, que obtuvo la hegemonía sobre Grecia y puso fin a los conflictos entre las ciudades-Estado tras la guerra del Peloponeso, Alejandro heredó el poder en circunstancias sospechosas —tanto por la sombra del magnicidio de Filipo como por la leyenda que interesadamente propagó acerca de su filiación divina, según la cual era descendiente de Zeus-Amón— y llevó a cabo los logros más extraordinarios en el menor lapso de tiempo imaginable, llegando a subyugar al gran imperio multiétnico de los persas aqueménidas y extendiendo sus dominios hasta latitudes nunca antes soñadas por un griego.

En la primavera del 334 a. C. Alejandro cruzó el estrecho de los Dardanelos, que separa Europa de Asia, y después de tributar honores fúnebres a los héroes de Troya —entre ellos, por supuesto, a su adorado Aquiles—, este monarca mitómano se lanzó a una arriesgada expedición de venganza contra el Imperio persa, que antaño arrasara Grecia en las guerras médicas. Al menos, esa era la excusa inicial —que se justifica en la pretensión de recuperar, por ejemplo, la estatua de los tiranicidas, sustraída de Atenas por los persas, o de restaurar los templos y oráculos destruidos por estos—, y ciertamente culminaría en la destrucción de las residencias reales persas y el saqueo de los opulentos tesoros de los aqueménidas, propiciados por las aplastantes victorias de Alejandro en Iso (333 a. C.) y Gaugamela (331 a. C.).

La larga campaña de Alejandro sentó un hito en la historia militar griega por el gran cuidado que se puso en la logística, un aspecto fundamental en una expedición tan alejada de los escenarios tradicionales de la guerra griega: el ejército iba secundado por herreros, carpinteros, armeros, constructores de barcos y personal auxiliar, aparte de técnicos, exploradores, ingenieros, topógrafos y expertos en asedios. A partir de esta extraordinaria expedición, el panorama táctico y militar griego se universalizó y se desarrolló también teóricamente en diversos tratados sobre el arte de la batalla.

En cuanto a su repercusión cultural, las conquistas de Alejandro conllevarán la extensión de los horizontes de la civilización griega hasta llegar a las fronteras del actual Pakistán y el Nilo. Como hitos simbólicos, Alejandro siembra sus conquistas de declaraciones y escenificaciones de su pretendida misión representativa de la identidad helénica: va fundando diversas colonias, llamándolas «Alejandrías», desde la más célebre, la egipcia, a la «última» (*eschate*), en los confines del mundo conocido; y, tras llegar lo más lejos que un griego había llegado jamás, en los límites de la India actual, funda un altar dedicado a los doce dioses del Olimpo, el número perfecto y simbólico del panteón helénico. El resultado de sus conquistas y su peripecia vital es una ampliación extraordinaria de los perfiles de la civilización griega, que se profundiza aún más cuando, a la muerte de Alejandro, los reinos helenísticos de los diádocos, sucesores del monarca macedonio, se enriquecen en contacto con diversos elementos culturales en una mezcla ecléctica con sirios, judíos, egipcios y muchos otros pueblos.

Pero su muerte a edad temprana frustró su fulgurante carrera militar. Durante muchos siglos se pensó que Alejandro Magno había sido envenenado en Babilonia en el marco de una conspiración. Así se insinúa ya en las fuentes clásicas, como Diodoro o Plutarco. El episodio habría tenido lugar en un banquete en honor del almirante Nearco en el que participaron sus hombres de más estrecha confianza. Alejandro tuvo que abandonar la sala preso de un agudo dolor durante la sobremesa. Aquella noche comenzaron sus fiebres sin que ningún médico pudiera determinar claramente los síntomas de su dolencia. Pese a una breve mejoría, la enfermedad se agravó y la noche del 10 de junio del año 323 Alejandro Magno murió. Además del veneno, del que se duda por los doce días transcurridos entre el comienzo de la fiebre y su muerte, como ya sabemos, hay historiadores que proponen otras causas, entre las más aducidas una fiebre tifoidea y una meningitis.

Su muerte a la edad de treinta y dos años lo convirtió pronto en un mito: eso y la extensión de su imperio hacen que figure por derecho propio entre los siete grandes que dominaron el mundo. Su estela fue imitada y venerada por sus sucesores y, aún más allá, en el ámbito romano, por sus epígonos, los grandes generales tardorrepublicanos y posteriormente los emperadores. Se dice que el propio Julio César, al rebasar la edad de la muerte de Alejandro, lloró amargamente a orillas del Mediterráneo en las costas de Hispania al considerar cuán poco había logrado conseguir en comparación con el legendario monarca macedonio. Dejando a un lado su peripecia histórica como conquistador, interesa destacar la magnitud de su leyenda con el pasar del tiempo en los diversos ámbitos geográficos y culturales a los que llegó el eco de sus hazañas, a partir de la *Novela de Alejandro*, del Pseudo-Calístenes, hasta llegar a nuestro *Libro de Alexandre* y en su precedente francés, el *Roman d'Alexandre*, a la tradición del Alejandro eslavo o armenio, en los Alejandros alemanes de Lamprecht o Hartlieb, el Al-Iskandar árabe de *Las mil y una noches*, el Eskandar persa o Sekandar del *Šahname* de Ferdousí, etc.

Augusto

Lugar de excepción en este capítulo merece el personaje que no solo se reinventó a sí mismo varias veces, sino que reinventó a la propia Roma, a la cual transformó para siempre en el gran imperio que marcó indeleblemente la historia antigua y la posteridad. Augusto quizá fuera el más hábil y poderoso líder político de todos los tiempos, y ya no solo de la Antigüedad, pues fue capaz de hacer perdurar su nombre, su imperio y su modelo de una forma aún hoy impresionante. Ante todo hay que recordar brevemente su peripecia histórica y la imborrable huella que sus reformas dejaron en la historia del mundo antiguo. Puso fin a unos años terribles de conflicto civil que asolaron el final de la República romana, un sistema político que agonizaba desde el afianzamiento del carisma personal de los grandes generales, primero Mario y Sila, después César y Pompeyo, y que, finalmente, tras barrer a Marco Antonio del mapa, dejaría a nuestro Gayo Octavio, luego Octaviano 'hijo del divinizado' César (aunque nunca quiso llamarse así), luego a Augusto, como su único superviviente.

Nacido Gayo Octavio, con el cognomen Turino, en 63 a. C. en la familia de rango ecuestre de los Octavios, tras el asesinato de su tío-abuelo materno Julio César, en el 44 a. C., será nombrado su hijo adoptivo y su heredero político con el nombre de *Gaius Julius Caesar Divi Filius* y rehusará incluso usar el cognomen *Octavianus*, que le habría correspondido por su auténtico padre, un hecho sin precedentes que subrayaba la idea de que tenía un padre divino y que constituirá su primera gran metamorfosis (aunque será llamado por los historiadores antiguos Octaviano, para diferenciarlo de su tío). Formó el Segundo Triunvirato con Marco Antonio y Lépido para vengar el asesinato de César en la célebre batalla de Filipos (42 a. C.) y gobernó con ellos para repartirse cruelmente el poder en Roma. Tras neutralizar a Lépido, Antonio, casado con su hermana, pero refugiado en el Egipto de la última reina helenística, la famosa Cleopatra VII, se convirtió en su gran rival. Tras la brillante victoria de Augusto en la batalla de Actium, auspiciada por su general de cabecera, Agripa, en 31 a. C., le quedó expedito el camino para el gobierno unipersonal. Tal fue su gran revolución, como algunas de las más importantes de la historia: silenciosa y bajo la apariencia de que nada cambiaba.

En efecto, a la par que las metamorfosis de su propia persona, las transformaciones de la República romana, que estaba regida oligárquicamente por el Senado sobre la base del pueblo organizado en comicios, y a través de las magistraturas que emanaban del sistema, y acabó convertida en una forma de gobierno unipersonal del *princeps* o primer ciudadano, fueron un cambio asombrosamente orquestado por Augusto. Siempre bajo la apariencia de que trataba de restaurar los viejos tiempos (la *aurea aetas* que cantaron sus propagandistas en el círculo artístico de su amigo Mecenas), logró afianzar su poder mediante reformas moralistas y tradicionalistas en lo religioso y lo social, así como en lo político y lo militar. De ese modo, el «hijo del divinizado» se metamorfoseó de nuevo en 27 a. C. al ser nombrado Augusto ('venerable', que sería traducido como *Sebastós* en la parte grecohablante de su imperio bilingüe) y erigir en torno a sí un poder autocrático implacable, recopilando potestades vitalicias —políticas, militares, religiosas y sociales— que le iba otorgando el Senado, como la *tribunicia potestas* y el *imperium proconsulare maius et infinitum*. Siguió al gobierno de este *princeps* una prolongada era de paz, la *Pax Augusta*, que aprovechó para ampliar y consolidar el poder de Roma. A su muerte en el año 14 había transformado definitivamente el marco constitucional romano, que, siempre bajo la apariencia republicana, sería a partir de entonces un sistema monárquico imperial. Augusto fue un genio global —no destacó en aspectos parciales, como la milicia, el gobierno, etc., sino en su visión de sistema—, llegó a dominar el mundo en su tiempo y, lo que es más importante, lo cambió para siempre.

En tiempos de Augusto, la literatura latina alcanzó la edad clásica, representada por autores como Virgilio, Ovidio, Horacio, Propercio, etc., y a menudo sirvió para ensalzar las obras del *princeps*. Se fundó una literatura «nacional» romana que muy pronto se podría medir sin complejos de inferioridad con los modelos literarios griegos: por ejemplo, la *Eneida* entroncaba el reinado de Augusto con los tiempos míticos y épicos griegos, del Olimpo a Troya. Siguiendo la propaganda augústea, Livio engarzó la historia mítica de Roma con los anales de la historiografía, mientras que otras disciplinas —como la arquitectura, las artes plásticas, la ingeniería, etc.— también alcanzaban cotas altísimas. Las asombrosas aportaciones en todos los órdenes de la actividad humana que se produjeron en su tiempo son parangón de sus logros políticos. Todo el conjunto configura una especie de fresco histórico de la conjunción lograda entre arte y política bajo el gobierno de este irrepetible emperador.

Según una reiterada teoría, en el *Ara Pacis* de Roma destaca la silueta de Livia, esposa y confidente de Augusto y una de las mujeres más poderosas de la historia antigua, como un símbolo de la influencia que tuvo en el programa político y propagandístico de su marido. Fuentes e historiadores le otorgan un supuesto protagonismo político en los gobiernos de su marido y de su hijo Tiberio, y aparece mientras el *princeps* le consulta sobre asuntos del Estado o intercambiando misivas con mandatarios extranjeros. Al casarse con ella, Augusto había emparentado con la *nobilitas* tradicional (la familia de los Claudios), elevando su alcurnia en un momento político complicado. En la historia antigua aparecerá como la consorte ideal del gran Augusto, un hecho cuestionable e indudablemente engrandecido por la propaganda, como se ve en la *Historia romana* de Dion Casio. En todo caso, la cuestión del género y el poder en la casa imperial de Augusto es objeto de un vivo debate académico.

Gengis Kan

El gran príncipe universal que debe ocupar el lugar central de esta sección sobre siete figuras de gobernantes míticos que llegaron a dominar el mundo es, por derecho propio, aquel que lleva en su titulatura oficial precisamente el nombre de «soberano universal», que no otra cosa es lo que implica la denominación «Gengis Kan». El mérito de este gran guerrero y gobernante, de vida azarosa y novelesca, fue lograr unir a numerosas tribus y clanes nómadas asiáticas para fundar un gran imperio: de hecho, se dice que el suyo y el de sus sucesores inmediatos fue quizá el mayor imperio en extensión contigua que ha existido jamás en el mundo, llegando a ocupar en su cénit una larga franja que abarcaba desde China oriental hasta Anatolia, casi en las estribaciones de los Balcanes, hasta plantarse prácticamente a las puertas de las grandes potencias europeas del momento, como el Imperio bizantino.

Gengis Kan nació seguramente en torno al año 1162 en el norte de lo que hoy es Mongolia, acaso no muy lejos de su actual capital, Ulán Bator. Su nombre original, Temuyín, relacionado con la palabra «acero» en mongol, da fe de que su vida estuvo ligada a este metal indispensable para la guerra, y su crueldad proverbial dio pábulo a leyendas sin cuento sobre las atrocidades de su implacable horda. Temuyín era el segundo hijo de su padre, Yesugei, uno de los caudillos más importantes en la confederación de los pueblos mongoles, siempre sometidos a las disensiones internas, manejadas hábilmente por el Imperio chino para tenerlos a raya más allá de su Gran Muralla.

El carácter de Temuyín se forjó duramente en lances terribles, entre guerras de clanes e intrigas, y su familia, tras la muerte de su padre, envenenado a traición por unos antiguos aliados, pasó años muy duros en los que tuvo que sobrevivir vivaqueando y casi en la indigencia. El futuro emperador mongol Temuyín creció, sin duda, anhelando venganza, pero no solo contra sus rivales inmediatos. También, con unas ideas más allá de lo convencional, tenía la aspiración de unir a su pueblo contra el enemigo común. Puede que su ideario se formara durante su cautiverio o también cuando empezó a descollar como guerrero, teniendo que servir y combatir para otros. Su ascenso comenzó gracias al apoyo de un antiguo aliado de su padre, Togrul Kan, que pronto le promocionó como uno de sus lugartenientes de confianza y al que siempre tuvo en gran estima. Togrul y Gengis lucharon por comisión de los chinos contra los tártaros y lograron someterlos, recibiendo prebendas del Imperio de la Muralla. Pero Gengis acabó rompiendo con Togrul, siguió creciendo en poder, fama e influencia, y supo medrar entre los clanes de los mongoles para ponerse al mando del mayor continente de pueblos nómadas jamás conocido.

A partir del año 1206 se produce su despegue político, cuando se alzó entre los principales caudillos de los clanes como líder supremo: finalmente pasa a adoptar el nombre de Gengis, que quiere decir «océano» y, por extensión, «universo», para usarlo como símbolo de su nueva visión de «kan de todos los kanes». En ese momento mítico también se supone que la congregación de diversas tribus nómadas y seminómadas tomó conciencia de su identidad y se creó el etnónimo de «mongol». Aunque puede que esta etnogénesis sea una de las muchas que han sido engrandecidas por la propaganda en la historia mítica: el comienzo de la peripecia imperial de Gengis Kan, fundador de la gloria de los mongoles, es también el de la puesta de largo de su pueblo, que habría de acompañarle durante aquella cabalgata trascendental hasta llegar a las puertas de Europa.

Los inicios de su biografía, en los que hemos preferido centrarnos para estas líneas, entrañan gran dificultad por las diversas fuentes de cronología muy reciente y fiabilidad dudosa. Sin embargo, lo que está claro es que las consecuencias de su política fueron de muy largo alcance, la huida hacia delante de un pueblo fragmentado que encontró su camino en un momento de desarrollo demográfico espectacular y que acabó por someter a su secular enemigo, el Imperio chino, así como a Corasmia y a los emergentes poderes turcomanos. Estos ánimos expansionistas del pueblo mongol, tanto tiempo sometido y al que solo se tenía en cuenta para utilizarlo como mercenario, pueden también explicarse acaso por la égida de un poderoso caudillo de personalidad arrolladora y nuevas ideas. En las últimas dos décadas del siglo XII el nuevo líder haría gala de una inteligencia política excepcional y de un talento militar soberbio —acompañado de una crueldad inusitada, que era parte de su estrategia— a la hora de unificar y reformar a su pueblo, cambiando de forma revolucionaria las relaciones entre los diversos clanes, refundando el derecho y dando un papel más destacado a la mujer, en la vieja tradición de las estepas desde el mundo escita. Se hizo muy evidente que lo que él venía a representar en la esfera política del Asia central era mucho más que un cambio pasajero. Gengis Kan otorgó a aquellos pueblos la posibilidad de liberarse de su esclavitud secular y pasó pronto a amenazar a las grandes potencias vecinas en una increíble historia de éxito.

Tras examinar la génesis del poder mongol, no está de más recordar al fin los excepcionales logros de Gengis Kan. Puso en jaque a la poderosa dinastía de los Qin, reduciendo a la nada su imperio al tomar Pekín por primera vez en 1214. Luego dirigió su ejército hacia el Imperio corasmio de Mohamed II, que sometió en 1223, asegurando la mítica Ruta de la Seda, entre los actuales Irán y Afganistán. A su muerte en 1227 había conquistado un enorme territorio en torno a la llamada «Ruta de la Seda» —sobre la que Peter Frankopan ha publicado dos trabajos de gran relevancia desde la perspectiva de la larga duración historiográfica—, y que sus sucesores inmediatos extendieron hasta Armenia, Georgia y Anatolia, lindando con el mundo bizantino. La huella de Gengis Kan no solo es política, sino también genética, pues sus casi cuarenta esposas, a las que cuidó con devoción, dieron lugar a una numerosa estirpe, dominante en toda Asia, que se prolonga hasta la actualidad.

Felipe II

Inspirado por lemas clásicos, épicos y aventureros —*nec metu nec spe* y *orbis non sufficit*— hubo un monarca hispánico que en realidad fue el más claro epígono moderno de los grandes emperadores de la Antigüedad clásica. Por eso, más allá de cualquier leyenda negra que haya podido empañar su figura, es de justicia incluir entre las siete grandes personalidades aquí reunidas que pasaron de la historia al mito a Felipe II de España. El gran monarca de la casa de Austria reinó desde su imponente palacio-monasterio-biblioteca sobre un vasto territorio en varios continentes, llegando a dominar el corazón de la política europea en una época azotada por las guerras de religión y dejando el Imperio español en el cénit de su poder. Sobre él se ha escrito muchísimo, tanto en época antigua —la «leyenda negra» tiró sus dardos no por casualidad contra quien consiguió el máximo desarrollo de la monarquía hispánica en todos los órdenes— como en época moderna, cosa que prueban las biografías de Kamen, Parker o Thomas. Es un personaje que no deja indiferente a nadie y que ha sido idealizado y demonizado casi a partes iguales.

Felipe asumió el trono de su padre Carlos V como heredero de un gran imperio que, si bien iba a perder presencia en el centro de Europa, al no tener la consideración de emperador del Sacro Imperio, como su antecesor, sí que se vería acrecido notablemente a partir de la década de 1580 por la unión dinástica con el reino de Portugal. Desde su nacimiento en 1527 en Valladolid ya estaba señalado como futuro monarca y fue educado por los mejores maestros —Juan Martínez Silíceo y Juan de Zúñiga—, gracias a lo cual llegó a dominar a la perfección el latín y varias lenguas europeas, aparte de las artes diplomáticas y militares. Fue seguramente el rey más preparado para los asuntos de Estado de su tiempo y ya dio muestra de ello cuando en ausencia de su padre tuvo que desempeñar el mando en dos regencias. Cuando Carlos V abdicó y se refugió en el monasterio de Yuste en 1556, Felipe rigió el devenir de la monarquía hispana, una corona formada por extensísimos territorios en América, Europa, Asia y África sobre los que, según el celebrado *motto*, «no se ponía el sol».

Felipe II hubo de afrontar tremendos problemas, políticos, militares y financieros, desde la traición de Antonio López a la rebelión de los Países Bajos, Aragón y las Alpujarras o, por supuesto, el fracaso de su Armada contra Inglaterra: también contratiempos personales como, por ejemplo, el desequilibrio mental del infante don Carlos o la falta de hijos de María I. Pero tuvo una gran inteligencia práctica, que se reflejó sobre todo en el campo militar. Bajo su mando no solo se desarrollaron grandes fortalezas, la flota de galeones, los tercios y la infantería de marina, sino también innovaciones como los arcabuceros, los mosqueteros y esa proeza logística que fue el llamado «Camino Español» de los Tercios. Semejante esfuerzo militar en todo el mundo hizo que la hacienda real tuviera que declarar tres veces suspensión de pagos, lo que realmente también fue una innovación en la macroeconomía de la época. Su gobierno supo jugar con la deuda y con sus enormes ingresos en oro de ultramar, en lo que supone la primera gran economía global moderna. En política exterior —aunque se recuerdan más los descalabros— destacan sus triunfos contra las potencias más destacadas del momento: Francia y, sobre todo, la superpotencia otomana.

Mucho se ha dicho acerca de la extensión de su imperio, pero cabe recordar aquí el esplendor que supuso su figura para el desarrollo cultural, como muestran las magníficas construcciones bajo su reinado —El Escorial, sin duda, la emblemática—, o los grandes logros que llevaron al modélico despegue cultural del reino de Castilla. Recordemos el desarrollo intelectual que implicó la Escuela de Salamanca, la mística y la ascética españolas de santa Teresa, san Juan de la Cruz o fray Luis de Granada, la pintura, la música, el teatro, etc. Impulsó ciencias como la química y la matemática, la topografía o la cartografía y todas las ciencias naturales, como la botánica o la zoología, a partir de los materiales y hallazgos que entraban por Sevilla desde ultramar. El gran desarrollo de la imprenta y la compra de manuscritos es otro ejemplo. La Biblioteca de El Escorial es uno de sus logros culturales más asombrosos: bajo la dirección de Benito Arias Montano se creó una verdadera obra borgiana de erudición, la más avanzada del momento. Los fondos provenían de los copistas de novedades, de colecciones privadas o particulares —como la del obispo Antonio Agustín—, pero también, merced a diversas embajadas como la de Diego Hurtado de Mendoza, de la compra de todo tipo de manuscritos procedentes del naufragio del Imperio bizantino, con lo que se perpetuó la tradición clásica en las letras y en la academia española.

Hombre de una profunda cultura, Felipe fue un gran coleccionista de libros, lienzos y exquisitas piezas de armamento. Pocos saben también que su reinado influyó de manera revolucionaria en el protocolo o en la historia de la moda, al introducir el negro en todas las cortes de Europa, con nuevos tintes e ideas ligadas a nociones renacentistas del neoestoicismo. Pese al oscurantismo que han querido resaltar en su tiempo sus detractores, puso de moda por primera vez el color negro en la historia de las ideas estéticas. Más allá del tópico del «recluso de El Escorial», el rey no estaba siempre en palacio silenciosamente y trabajando de forma obsesiva, renunciando a todo tipo de placeres: sorprende saber, por ejemplo, lo mucho que viajó por todos sus dominios europeos —pasó casi más tiempo fuera de Castilla que en ella— y que fomentó el baile, el espectáculo y la música en su corte.

Por eso, lo que aquí interesa destacar es que, más allá de la llamada leyenda negra, hay un monarca que personifica como pocos otros a una época, en este caso el Renacimiento: Felipe II, quien, siguiendo otro lema latino, esta vez perpetuado en el escudo de armas español, «Plus Ultra», supo franquear los límites históricos de la Antigüedad y el Medievo para abrir una nueva época en todos los órdenes. Cumplió a la perfección el ideal maquiavélico de «príncipe» frente a otros de la nómina de este capítulo, forjadores de imperios, reformadores o libertadores, como genio político. Recibió un enorme caudal de poder, pero no lo dilapidó, como sucede tantas veces, sino que consiguió ampliarlo mediante logros impresionantes que convirtieron su imperio en la referencia mundial. Para Maquiavelo, la clave es conservar el poder a toda costa y consolidarlo: Felipe II, el rey prudente, realmente rompe los tópicos de su mala reputación en el mundo anglosajón como el monarca del Renacimiento que supo hacer de la corona hispánica la joya de la civilización de aquel tiempo y que se convirtió en una prolongación de los grandes gobernantes de la Antigüedad.

Catalina II la Grande

Casi parecía una tradición que a un Pedro, zar de los Romanov, le sucediera una Catalina que, como esposa abnegada, asumiera también junto al luto por la ausencia del monarca la pesada carga de dirigir el Estado. Pero en el caso de Catalina II, la emperatriz que reinó tres décadas sobre un vasto imperio que contribuyó a engrandecer de mar a mar, las cosas, se podría decir, no fueron exactamente así, o como al menos mandaba la tradición y quería la propaganda. Y es que todo lo que logró durante su gobierno vino a justificar completamente el halo mítico en torno a esta soberana, emperatriz y autócrata de toda Rusia, como rezaba la titulatura imperial heredada del mundo bizantino, y que hace de ella una más de la lista de los siete soberanos que forjaron un imperio universal. Con ella se culminaba la antigua idea imperial que estilizaba a Moscú como la «Tercera Roma» después de la caída de la Segunda, Constantinopla, la ciudad por la que Constantino cambió la Roma eterna para darle un milenio más de vida. Porque Moscú se perfilaba como la guardiana de las esencias del mundo ortodoxo, después de la caída de Bizancio, y finalmente se convertía en la prolongación de Roma en el Siglo de las Luces, un imperio autocrático pero ilustrado, bajo la égida de una emperatriz que extendía sus dominios desde las riberas del Báltico hasta el Pacífico, desde Ucrania hasta las estepas de Eurasia. Pero Catalina no fue llamada «la Grande» solo por la política exterior, sino por la modernización del país y por las obras culturales. Es de recordar, por ejemplo, su amistad con los enciclopedistas franceses, su contribución al despegue de la música y la literatura rusas o la creación de las magníficas colecciones del museo actualmente llamado Hermitage en San Petersburgo, como muestra de algunos de sus logros.

Nacida en Stettin, Prusia (actualmente Polonia), el 2 de mayo de 1729, Catalina no era rusa, sino una aristócrata alemana de categoría menor, de nombre Sofía. Tuvo la fortuna de ser elegida como la futura esposa del Gran Duque Pedro de Schleswig-Holstein-Gottorp, es decir, el futuro zar Pedro III, gracias a las hábiles gestiones del rey de Prusia, Federico II el Grande, que pretendía afianzar los lazos de amistad y diplomacia entre ambas cortes. Catalina y Pedro se casaron en San Petersburgo en 1745 y la princesa alemana, de familia luterana tradicional, tuvo que convertirse a la ortodoxia con el nuevo nombre de Catalina y aprender ruso a marchas forzadas para realizar la prodigiosa transformación que la llevó a encarnar el papel de la emperatriz que llegó a amar profundamente a su nueva patria y a redimirla como gran imperio universal. Su matrimonio resultó un fracaso por diversas causas, pero tal cosa acabó por favorecer su independencia, ya que Pedro, involucrado en una desafortunada intervención rusa en un conflicto germano-danés, acabó perdiendo el trono y la vida. En enero de 1762 fue coronado Pedro III y el 13 de julio una pequeña revolución palaciega llevó a la Guardia Imperial a deponerlo y a proclamar a su esposa como gobernante: poco después Pedro fue asesinado por uno de los conspiradores, con la mano de su esposa Catalina, según algunos historiadores, actuando acaso por detrás.

Tomó entonces plenos poderes una mujer excepcional, empeñada en cumplir lo que entendía como su misión histórica, inspirada en la vieja Rus de Kiev, émula de Bizancio: el engrandecimiento de Rusia, hasta entonces una potencia marginal, a caballo entre Europa y Asia, para hacerla avanzar desde su situación de entonces, aún casi feudal, creando un imperio universal y una potencia digna de medirse con Prusia, Austria, Francia o Inglaterra en el siglo XVIII. Para ello se rodeó de intelectuales, importó científicos y arquitectos, e intentó crear un código con las ideas de Montesquieu para reformar el Estado y cambiar la situación del campesinado.

Se dice que Catalina se inspiró en la obsesión de Pedro el Grande, muerto en 1725, por proporcionar una salida a Rusia a los mares, mirar a Europa occidental, expandir sus dominios, controlar a la población y modernizar el país. Tuvo un papel determinante en la partición de Polonia con las grandes potencias del momento, Austria, y Prusia, con las que la conflictividad no se haría esperar, desde el final de aquel Estado-tapón que era la confederación polaco-lituana. También suprimió la autonomía de Ucrania y se centró en expandir los territorios de Rusia merced a sus éxitos diplomáticos y militares, especialmente frente al Imperio otomano. Y a fe que consiguió asentar la presencia rusa, hasta hoy mismo, entre los mares: en el Báltico, en el mar Negro, con Odesa como gran base naval, y en el Pacífico, tras los primeros contactos con Japón.

Fue estimada en toda la docta Europa como una mujer inteligente y una gobernante que hacía honor a la larga tradición de mujeres poderosas del mundo antiguo. Si su querido amigo Voltaire la llamó la «Semíramis del Norte», otros la compararon con Zenobia de Palmira o con las poderosas emperatrices bizantinas, como Irene, que rigieron con mano firme la política de su tiempo. Sus amistades con los ilustrados franceses y la forma en que hizo de su corte un polo de atracción para científicos y literatos la convirtieron también en la viva encarnación del ideal del despotismo ilustrado. Y ello porque, pese a su fervor por las ideas afrancesadas, tuvo buen cuidado de conjurar el influjo de los aires revolucionarios —véase la sublevación de Pugachov (1773-1775) o el manifiesto antiabsolutista de Radischev (1790)— regulando la jerarquía social mediante decretos y medidas de estratificación social, como las cartas a los nobles y señores del pueblo de 1785 que concedían derechos y privilegios a los aristócratas. Socialmente quiso dejarlo todo atado. Favoreció que numerosos colonos alemanes se establecieran en las tierras del bajo Volga y confinó a los judíos como ciudadanos de segunda en una zona de asentamiento en la parte occidental. Catalina, en fin, gobernó casi treinta y cinco años con mano de hierro en guante de seda y seguramente fue la mujer más poderosa de la historia.

Napoleón

Para concluir este capítulo hay que detenerse en un personaje que casi parece una de las figuras evocadas en la Antigüedad por Plutarco, entre mito e historia, y que tiene mucho de la *hybris* clásica de los héroes de la tragedia y del *pothos* incansable de Alejandro Magno. Sin temor a exagerar, puede que sea el político y militar más genial de toda la historia, al menos en el sentido que hemos estado entendiendo en estas últimas páginas. Primero por su extraordinaria labor como hombre de Estado que supo refundar su nación varias veces desde las cenizas reinventándose, a la par, a sí mismo otras tantas. Pero también como estratega y militar que puso en jaque a todas las potencias de la época y llegó a dominar el tablero de juego del mundo occidental durante más de una década. Por eso creo que hay que completar esta serie con Napoleón como séptimo personaje: antes de él, aunque se considerase émulo de Alejandro y Augusto, no hubo nadie semejante. Tampoco después de él nada en el mundo volvería a ser igual. Por ello debemos finalizar aquí.

Napoleón Bonaparte, cuyo apellido (Buonaparte) delata su origen itálico, nació en Ajaccio en 1769, a un año escaso de que Córcega se incorporase a Francia, en el seno de una familia noble de la isla. Enseguida comenzó la carrera militar en el continente y aprovechó el estallido de la revolución para apuntarse al carro ganador de aquel movimiento imparable que habría de cambiar el mundo. No tardó en empezar a ascender en el escalafón de los jóvenes militares revolucionarios gracias a su éxito en el sitio de Tolón, donde se había alzado uno de los últimos bastiones realistas franceses, con apoyo de Inglaterra y España, y que fue tomada a sangre y fuego. Desde entonces la Convención lo tuvo en gran estima y lo llamó cuando necesitó que la defendiesen. Su ascenso meteórico, ya bajo el Directorio, le llevó como general a la expedición a Egipto, la más ambiciosa que orquestó la República, con lo más granado de las tropas y también, según el espíritu ilustrado de la época, con un séquito de científicos y eruditos que le dieron a Napoleón fama de hombre culto. Pese a no cumplir sus objetivos militares de neutralizar la flota inglesa, estas campañas dejaron una huella indeleble en la comprensión de Oriente desde la Europa ilustrada, abriendo el camino no solo a descifrar los jeroglíficos egipcios, sino también a la más extraordinaria ampliación de horizontes que inauguraba la era del interés humanístico por África y Asia —y también de su explotación política, ciertamente—. La campaña tuvo sus horrores, como la brutal toma de Jaffa o las masacres de prisioneros: su mando se caracterizaba por romper moldes y atreverse a lo inimaginable, tanto al comienzo, en Italia —no él, pero a su zaga se llegó a la deposición del papa—, como luego en España y por doquier.

Urgido por las noticias políticas que hacían necesaria su presencia en París, Napoleón regresa llamado por el Directorio para oponerse a las fuerzas de la Segunda Coalición, que intentaba conjurar los avances de la República francesa. Era ya una estrella ascendente en su camino al poder. Conspiró con uno de los Directores, Emmanuel-Joseph Sieyès, para dar un golpe de Estado, pero, el 18 de brumario, Napoleón se adelantó en una jugada maestra: con el golpe y la Constitución del Año VIII se aseguraba el puesto de primer cónsul (1799). Ya en la cúspide del poder, la Constitución del Año X, tres años más tarde, lo consagró como cónsul vitalicio. Hoy da vértigo pensar en los acelerados cambios que sufrió Francia, que, en poco menos de veinte años, pasó del antiguo régimen absolutista de los Borbones a la República radicalizada que abolió los estamentos tradicionales, y después a la República moderada, la Convención, el Directorio, la dictadura, el consulado y, finalmente, el imperio, para luego terminarse el sueño con la Restauración. El mismo camino que recorrió Roma en medio milenio lo transitó apresuradamente Francia en esos escasos y vertiginosos años. Ahí salta a la vista la innovación desde la tradición, pues los modelos clásicos del mundo grecorromano, como siempre, estaban detrás de revoluciones y reformas. Lo que nunca dejó de inspirar a Napoleón, como a los revolucionarios franceses, fue mirar a Roma. Acaso más que a Grecia, que era el objeto de imitación de sus precursores norteamericanos.

En el breve interludio de paz en que pudo hacerlo, Napoleón se centró en el buen gobierno, separó Iglesia y Estado negociando con la Santa Sede un concordato, estableció la libertad de culto, abolió la tortura, el feudalismo, la servidumbre y la Inquisición, y realizó avances muy notables para la modernización de Francia y, por extensión, de Europa con la redacción del Código Napoleónico en 1804, con las leyes de comercio y el Código de Instrucción Criminal, que modernizaron el sistema jurídico y codificaron el derecho de una manera inaudita desde los tiempos de Justiniano y de los glosadores de Bolonia. Napoleón, sin duda, se miraba en el espejo de Augusto, más que en el de Alejandro, a la hora de acometer su labor reformista. Hay que recordar también los profundos ecos que dejó su figura en la emancipación de la América española y sus efectos en cadena de largo alcance en toda la geografía política europea, desde la Cuestión Polaca a nuestra Constitución de Cádiz. Este personaje emblemático, marcado por luces y sombras, aún es admirado hoy: sus restos se trasladaron a Les Invalides, como los huesos tutelares del héroe nacional, en la época de Luis Felipe, tras la restauración monárquica, y aún hoy son allí venerados como una suerte de talismán para todos los franceses que pueden ver en Étoile las victorias de su edad heroica bajo la égida del «pequeño cabo», como llamaban al corso sus hombres. La lealtad de estos, que recuerda a la de los legionarios romanos, les hizo seguirle no solo por las estepas rusas, sino también en la alocada aventura del Imperio de los Cien Días, hasta su ocaso en Waterloo.

Hoy en día causa estupor la gesta histórica que supuso la era de Napoleón y que constituye una epopeya inolvidable en la historia europea, un hito para la modernidad desde la geopolítica hasta la cultura. No por casualidad, la Tercera Sinfonía de Beethoven, la llamada Heroica, estaba dedicada a él, cuando aún era un adalid de las libertades, un Prometeo que iba a crear un nuevo mundo en el que prevalecería la justicia. Su deriva totalitaria no se hizo esperar, hasta su coronación como emperador de los franceses (*Empereur des Français*) el 2 de diciembre de 1804, el último paso en su acumulación de poder unipersonal. Es fama que el apasionado compositor alemán se arrepintió de la dedicatoria, y la sinfonía, como el ideal ilustrado, quedaría también sujeto a la decepción y la ambivalencia, encarnadas en el héroe que se convirtió en un antihéroe.

7 FILOSOFÍAS CLÁSICAS PARA EL MUNDO DE HOY

Pitágoras, el más actual de los presocráticos

La filosofía antigua está de actualidad: los últimos años atestiguan un reflorecimiento de las publicaciones centradas en los pensadores griegos y romanos, que permite examinar nuestro mundo actual con una mirada siempre renovada. A ellos se dedicará este último septenario a través de los siglos. Se puede empezar, como es de rigor, por los llamados presocráticos, que no han dejado de estar de moda desde que Nietzsche y luego Heidegger los reivindicaran con renovadas lecturas. Y unos más que otros: recordemos la pasión del primero por Heráclito, el oscuro autor de aforismos fascinantes, y del segundo por Parménides, el inamovible ontólogo de «el ser es y el no ser no es». En el principio fueron los milesios, primeros filósofos de la naturaleza que intentaron formular una explicación científica del origen de la realidad sobre la base de un primer principio o *arché* y que desarrollaron su actividad filosófica en el Asia Menor griega, a la vez extremo occidental del sofisticado mundo persa. ¿Pueden interesarnos hoy Tales, Anaxímenes o Anaximandro? El agua, el aire o lo indeterminado hoy a la ciencia le dicen poco, pero tal vez pueda recuperarse su conjunción de la naturaleza con el hombre, en la idea del mundo como una especie de ser pensante, rodeado de agua y que emana un soplo vital. Desde otra perspectiva de notable actualidad, estos filósofos, como también los eléatas, entendieron que la naturaleza y la convivencia en comunidad humana no podían separarse: por ello se implicaron hondamente en la política e intentaron afrontar su mundo en transformación interviniendo a veces en las leyes.

Pero, ya en la Magna Grecia, que se corresponde con el actual sur de Italia y con Sicilia, aparece el movimiento más interesante para nuestro tiempo. Es el encabezado por Pitágoras, el sabio de los números, el que concibió la proporción numérica como principio que ordena todo el cosmos. Su ontología, basada en el misterio de la proporcionalidad aritmética, matemática y geométrica, recuerda sobremanera a nuestra actualidad, regida por algoritmos en la gran red de redes que controla el mundo.

Su visión, quizá cercana al pensamiento mágico y a la numerología, puede que fuera el primer intento de armonizar nuestro cosmos euclidiano con el macrocosmos de las estrellas y el microcosmos del alma individual, pues el de la física cuántica aún les estaba vedado a sus intuiciones.

Los pitagóricos fueron capaces de explicar no solo la armonía de las esferas y la música celestial, sino que también se valieron del trasfondo numérico de su escuela sapiencial para explicar cómo se formaba la comunidad política y cuál era su funcionamiento. Pitágoras es un filósofo que representa diversas vertientes muy en boga: no solo porque encarna un modelo de vida alternativo —basado en el vegetarianismo y el pacifismo, la renuncia a la carne y a la violencia—, sino también porque preconiza la meditación, la música y el autoconocimiento como vías para la mejora del individuo. La armonía del alma individual era clave para obtener una comunidad política maravillosamente cohesionada. Y esto es otro aspecto que lo configura casi como un gurú *avant la lettre*: fundó las primeras comunidades filosóficas de la historia en que se fomentaba la vida separada, el modelo utópico y la comunidad de bienes. Él creó una escuela de vida en común y buen gobierno que llegó a expandirse y legislar en varias ciudades, regida por el principio de la amistad y con el destierro del comercio, modificando los parámetros básicos en cuanto a familia y propiedad privada en la época. También teorizó sobre la manera de purificarse en este mundo y prepararse para el más allá con una pionera teoría del alma, pues seguramente es uno de los primeros filósofos occidentales que habla de la reencarnación y de los ciclos del alma lejos del cuerpo. Con la escuela pitagórica surge el anhelo por una vida mejor en armonía con el cosmos y con la naturaleza, en hermandad con las plantas y los animales, en una especie de ecologismo (antes de que esta palabra naciera) primordial, que comparte con otros de los llamados «presocráticos». Pitágoras es, sin duda, el más moderno de estos filósofos de los principios. Con la idea de reducir el universo cognoscible al número, el pitagorismo es la raíz del árbol de permutaciones, algoritmos y procesos informáticos que nos domina hoy día desde Internet y los GPS, que nos localizan en el cosmos sublunar. En suma, Pitágoras es uno de los filósofos antiguos que mejor pueden simbolizar los desafíos del hombre de hoy. Por eso y por mucho más tiene aún cierta pervivencia. Matemático, músico y místico, este representante de los filósofos presocráticos ha de ser el que abra este epígrafe sobre la perenne actualidad de la filosofía antigua.

Más Platón y menos populismo

Más Platón y menos Prozac, se titulaba un influyente libro de Lou Marinoff sobre la confluencia de filosofía y psicología actual. Podríamos parafrasearlo también en cuanto a la política. Menos sofistas y más Platón, o viceversa, podría ser la consigna que sigue animando el debate en torno a la democracia, entre relativismo y fondo moral. Dos son las caras de esta moneda crucial para nuestros días, las que representan en los diálogos platónicos el gran Sócrates, el maestro ético y buen ciudadano, y los interesados e interesantes sofistas, expertos en oratoria empresarial y en el viejo arte de medrar en la cosa pública. Ambos usan como única arma la esgrima retórica, la palabra. La sofística no está de moda. La retórica tampoco. Ser platónico puede ser sinónimo de tonto y un sofista es poco menos que un embaucador… y, sin embargo, qué de actualidad está este viejo debate que encarna la esencia de la democracia en su sentido más estricto. Y todo el poder del *logos*, el razonamiento, el discurso y la negociación: bien harían en tomar buena nota nuestros políticos y empresarios. Por eso nos sigue interesando hoy sobremanera, tras los tiempos del populismo y del «no nos representan», lo que se habló hace tantos siglos en esa Atenas tan brillante y que, a la vez, tantos errores cometió. Aquella democracia hermosa, pero a la postre fallida, alecciona aún a la nuestra. Por un lado, están los sofistas con su reivindicación de las convenciones en sociedad, de la discusión razonada en lo público, de la capacidad de encontrar un término medio entre las diversas facciones a través de la argumentación y el debate: todo eso y más fueron los grandes sofistas, que enseñaban a triunfar en la asamblea política. Fueron «malos maestros», como dice Mauro Bonazzi en su espléndido libro *Sabiduría antigua para tiempos modernos*, pero muy necesarios estos «perdedores» de la historia gracias a la mala fama que les procuraría Platón. En efecto, algunos discípulos llevaron al extremo sus postulados escépticos y relativistas, y en la democracia se impuso un punto de demagogia. Contra ellos se alzó la voz necesaria, pero también incómoda, de Sócrates: su figura es enorme y misteriosa, tras la máscara platónica, y marca un punto de inflexión como hibridación de la ontología y la ética que pone al ser humano en el centro del debate. Inaugura una ética ciudadana de la virtud individual: nos grita que no es todo relativo. Hay que definir qué es la justicia, examinar nuestra vida y analizar cómo encaja la felicidad individual en el engranaje de lo común. Preguntas incómodas, debates intempestivos y tal vez demasiada rigidez le llevaron al final a una condena a muerte tras un famosísimo juicio, seguramente, con el de Jesús, el más célebre de la historia. Esto marcó indeleblemente a su discípulo Platón. ¿Cómo una democracia había podido explotar y exterminar pueblos enteros? ¿Cómo pudo matar al más sabio de todos los sabios? Y le llevó a emprender una indagación filosófica ligada a la justicia, la ética y la búsqueda del buen gobierno que daría a luz una obra enorme y totalmente imprescindible para entender la historia de Occidente: es muy conocida la cita de Whitehead de que la filosofía no es sino notas a pie de página de Platón. ¿Y por qué hoy Platón? Ha sido demasiado usado y manoseado, por nazis o comunistas, en pos de utopías diversas que muchas veces devinieron distopías. Pero no es un filósofo totalitario, como creía Popper, y hoy día nos ayuda especialmente a la hora de debatir sobre ética, gobernanza y todas las ideas de buena administración, de engarce entre lo público y lo privado, lo colectivo y lo individual: nociones modernas como los libros blancos, la *compliance* y las recomendaciones de hoy en día se deben mirar en ese «paradigma en el cielo» que quiso encarnar la utopía platónica. Aspirar a un sumo bien, o más modestamente a un «bien común» en vez de un más prosaico «interés general», es una enseñanza de Platón que está en el centro de toda discusión sobre cómo gestionar mejor una colectividad y cómo emprender cualquier proyecto de reforma de nuestra cosa pública sobre criterios éticos. Sócrates y Platón encarnan para el hombre moderno la buena administración y las virtudes individuales, la armonía también en la vida ciudadana y las decisiones que se toman por la familia y por el bien de la comunidad.

Aristóteles como sabio global

El éxito actual de Aristóteles es indudable. Todo comienza con una arquetípica traición al maestro: tenía que superar a Platón («matar al padre») y su sistema filosófico, desde ese comunismo de la ciudad utópica y la abolición de la familia y la propiedad hasta el idealismo de la propia teoría de las formas. Más platónico que nadie en un principio, apodado «el lector» o «la mente» por su enorme intelecto, el mejor alumno de Platón aparece opuesto al maestro en *La escuela de Atenas* de Rafael como el gran antagonista que señala hacia abajo, de forma más realista, con su *Ética a Nicómaco* en la mano. Con una ontología que responde a la materia y a la forma y a la vez busca a dios en el motor inmóvil más allá de toda sensación —con un punto final de platonismo en el intelecto supremo—, a Aristóteles le pareció más serio un sistema metódico para entender la realidad de forma global, presentando un árbol de todas las ciencias que funcionara de modo coherente y teleológico, basado en lo perceptible por los sentidos, con una enorme inteligencia práctica, un deseo enciclopédico de saber y con el motivo de la felicidad como fondo de su ética. Pero ¿es de verdad relevante Aristóteles para el hombre de hoy? Se trata del maestro de la ética de la virtud individual en el marco de la virtud colectiva y está más vivo que nunca también como fundador teórico de las diversas ciencias especializadas. De la retórica a la poética, de la lógica y la zoología a la política. Aristóteles está siempre en boga en nuestro tiempo porque, sin duda alguna, es el precursor del método científico y experimental: desde la «realidad» que perciben nuestros sentidos —sea lo que sea eso— se edificó gracias al gran sabio de Estagira la magnífica construcción conceptual que, desde la Antigüedad a nuestros días, nos ha permitido volar en avión o en cohete espacial, viajar por todo el planeta y dominarlo, entender la física materialista, construir robots y ordenadores y crear la inteligencia artificial. Pero además de la lógica, la física o la matemática, Aristóteles también nos importa como fundador de la ética moderna.

Todos buscamos la felicidad y queremos encontrar pistas acerca de dónde encontrarla, pero solo Aristóteles se erige en el investigador supremo que, en su ética, descubre la inconsistencia de lo que la mayoría cree que puede dar la felicidad. Dinero, bienes materiales, placeres físicos... Ahí no se la puede hallar. La intuición de Aristóteles es que, sobre todo, debemos encontrarnos a nosotros mismos y nuestra finalidad. Me recuerda a un libro publicado por Bronnie Ware, enfermera australiana de cuidados paliativos, que enumera los remordimientos más frecuentes en el lecho de muerte. En el número uno de esta curiosa clasificación —la muerte representaba para los antiguos una buena escuela para la «buena vida»— está el no haber hecho lo que uno realmente quería hacer —o no haber descubierto lo que uno tenía destinado como finalidad— y, en vez de eso, haber hecho lo que querían los demás. No hemos nacido para otra cosa sino para cumplir nuestras potencialidades y llegar a una realización completa en una vida feliz: la regla básica de Aristóteles, el ser en potencia que se convierte en ser en acto. Solo la razón nos puede ayudar a encontrar nuestra realización en el talento que se nos ha dado: como en el camino del héroe que ha de cumplir su misión, pero antes tiene que descubrirla, Aristóteles nos muestra cuál es el verdadero camino de la felicidad. No solo por su ética, sino también por la metafísica, es el sabio global que intenta dar sentido coherente a todo: a la existencia humana y a su anhelo de trascendencia también, como apunta el ya citado Bonazzi en otro libro brillante, *Criaturas efímeras*.

La felicidad para el hombre de hoy sigue siendo ese gran misterio que nos vende la publicidad engañosa de eterna juventud, propiedades, dinero, vacaciones, coches y otros objetos de consumo. Pero la verdadera alegría está en la realización de nuestra razón de ser. Solo eso puede hacer que triunfemos sobre nuestra efímera existencia. Entonces, en el lecho de muerte, mirando atrás, tal vez tengamos una relativa satisfacción por haber cumplido lo que nos estaba destinado. Grande es el Estagirita, maestro de Alejandro Magno y educador de Occidente y de Oriente, que ha dejado su estela de sabiduría desde la literatura persa y árabe hasta la escolástica medieval, Kant o la ciencia moderna. Aristóteles sigue siendo un referente de la sabiduría global hoy en día.

Cómo ser un (buen) epicúreo

Con diferencia, el único filósofo de la Antigüedad que ha engendrado a partir de su apelativo un epíteto de fama equivalente a otros grandes autores posteriores —pienso en «dantesco» o «kafkiano»— es el famoso Epicuro, cuyo nombre se ha convertido en un adjetivo no siempre de buena fama, sino más bien denostado en la tradición, sobre todo cristiana, que ha visto en el sabio de Samos una especie de epítome del hedonista sin escrúpulos que se da al vino y a los placeres de la carne. Nada más lejos de la realidad histórica. Pero ¿nos importa hoy Epicuro? En el mundo hispanohablante es mérito de la pionera monografía que le dedicó Carlos García Gual —y que tiempo después ampliaría en *El sabio camino hacia la felicidad*— haber rehabilitado esta filosofía en nuestros pagos. Y es que el mundo de Epicuro es muy parecido al de nuestros días, cuando el individualismo está a la orden del día en una ecúmene globalizada y ya sin fronteras locales, interconectada y, seguramente, saturada de información donde, de repente, hay una gran extensión que es el orbe entero y el ciudadano deviene cosmopolita. Las grandes preguntas del individuo en este anchuroso mundo, sin certezas ni seguridad, convierten al epicureísmo una filosofía tremendamente actual. Epicuro, en su carta a Meneceo, habla sobre la felicidad a nuestro alcance y la necesidad de entender lo absurdo de nuestros miedos.

La filosofía epicúrea nace con una vocación liberadora frente a lo que se consideran errores tradicionales que nos esclavizan: el temor a los dioses, el miedo a la muerte, el ansia por placeres equivocados y la aversión al dolor que no es tal. Para Epicuro, lo que percibimos por vía sensorial es nuestra única fuente de conocimiento, como sucedía con Aristóteles, por lo que hay que entender la naturaleza y sus componentes por medio de indicios y razonamientos. El mundo se explica a partir de un atomismo en el que no hay intervención divina, con un universo regido por la casualidad. Por ello, hoy resulta atractiva su filosofía, lejos de abstractas especulaciones y centrada especialmente en aspectos prácticos y en la consecución de la felicidad mediante el bien vivir (*eu zen*).

La sabia compensación entre placeres y dolores en la vida nos debe guiar en pos de la felicidad y la autonomía, hacia un conocimiento libre y verdadero frente a las falsas concepciones de la tradición. No eran los epicúreos unos hedonistas sin sentido en busca de placeres físicos, sino que más bien trataban de liberar al ser humano mediante el intelecto y el equilibrio perfecto de cuerpo y alma en el auténtico goce de la imperturbabilidad y la serenidad. El énfasis en ser feliz, en simbiosis con el entorno, actualiza enormemente al epicureísmo en un mundo como el de hoy, con fuerte tendencia a la individualidad y que intenta encontrar una vía ética y metafísica hacia el propio bienestar. Esto lo ha visto Catherine Wilson en su libro *Cómo ser un epicúreo*, que pone de relieve la vigencia de esta filosofía para el hombre de hoy.

En la era post-pandémica, cobra relieve la guía epicúrea contra el miedo a la muerte: esta es solo una disolución de los elementos que casualmente habían compuesto cuerpo y alma. El epicureísmo explica la extinción como una disgregación ajena a nosotros y propone liberarse de la angustia de la religión hasta ser felices como los dioses, sin anhelar la eternidad. Sus razonamientos contra todo miedo, simples pero poderosos, con vistas a la felicidad, nos llegaron también por la poesía clásica de dos grandes autores romanos como Lucrecio y Horacio. Si el primero nos iluminó con su atomismo libérrimo, mítico, escéptico e ilustrado, que funda el mundo moderno con su redescubrimiento en el humanismo, el segundo es clave con su idea del *carpe diem* y la *aurea mediocritas*, transmitidas en sus inmortales *Odas*. Nos llega hondo la poesía de Horacio, que anima a seguirle como uno más en la «piara» de Epicuro, en una vida sencilla, consciente, plena, normal y feliz. Otros célebres seguidores del epicureísmo en la Antigüedad, que merecen ser recordados como guías de excepción en el mundo actual, fueron Filodemo de Gádara y Diógenes de Enoanda. El epicureísmo ha llegado de la mano de la literatura, no solo en la posteridad romana, sino también después, durante el humanismo. Así se ve en la figura singular de Montaigne, que nos sigue inspirando para ser buenos epicúreos, serenos, en libertad y gozando de los verdaderos placeres, los del intelecto.

El estoicismo y la modernidad

La serenidad y la paciencia son las notas distintivas del estoicismo y lo que más puede servir al hombre de hoy, azacaneado por la crisis económica, política, sanitaria y de valores. No es fácil seguir siendo uno mismo cuando todo cambia en estos momentos de grandes turbaciones. Y es especialmente complicado mantenerse centrado y con tranquilidad de ánimo en medio de los muchos reclamos y pantallas, pitidos y mensajes que nos llegan con inmediatez abrumadora. Todo eso, nos dice el estoicismo, son perturbaciones ajenas a nuestro centro, de las que conviene liberarse cuanto antes para ser nosotros mismos y tomar el control, en un movimiento centrípeto de meditación y autoconciencia. Dejemos las pantallas, los mensajes del móvil, todo lo inmediato y agobiante de estos tiempos de necesidad tardocapitalista y globalizada, en continua transformación, que las más de las veces nos aturde y hace que no alcancemos a comprender el sentido de la vida y de nuestra misión aquí. Es difícil intentar mantener un yo firme en una época atormentada: parece difícil, sí, pero pensemos en Séneca o en Marco Aurelio, pensadores estoicos de la Antigüedad que tuvieron que vérselas con situaciones peores. No es que fueran hombres de negocios, autónomos o emprendedores, sino que fueron nada menos que el consejero del desquiciado emperador Nerón —Séneca fue el gran filósofo de su época, terrateniente y político que acabó forzado a suicidarse— y el primer emperador romano que tuvo que hacer frente a los bárbaros en una larga y feroz campaña en las fronteras —Marco Aurelio, hasta su muerte a los cincuenta y nueve años, nos dejó sus famosas *Meditaciones*, reflexiones pausadas, escritas en medio del caos—. Ambos lo tuvieron muy complicado, pero nos legaron consejos, cartas y consolaciones para aprender a conservar la serenidad en momentos difíciles.

Esta filosofía práctica intenta aprovechar felizmente nuestra breve existencia sin distraernos con cosas banales y superfluas, innecesarias en la avalancha de lo cotidiano: hoy nos recuerda a las redes sociales, al móvil y a Internet, en esta época de sobreabundancia de información. Una serie de reclamos nos distrae todo el rato hacia productos o experiencias que prometen felicidad: pero no nos la darán, nos dicen los estoicos, si no nos centramos en la imperturbabilidad que nos otorga el verdadero saber. Ante las pantallas, los mensajes de WhatsApp, X, el correo electrónico o la publicidad que nos distrae, hay que centrarse en la imperturbable serenidad del ser, más allá de la muerte y del dolor, de la enfermedad, de la pandemia y de las muchas zozobras del día a día. Pensemos en Marco Aurelio, que llevó sobre sus hombros el peso más grande que un ser humano puede soportar, o en el rico y desdichado Séneca, en el más duro ambiente imaginable de intrigas palaciegas: ellos nos dan una buena clave. Son voces lejanas pero seguras para buscar consejos sobre qué hacer en la vida y cómo encontrar la coherencia precisa y no caer en lamentos o bufonadas. El ejemplo de una vida coherente será lo que nos quede, el ejercicio de la virtud como *askesis* mediante el conocimiento para alcanzar el fin supremo del ser humano. El hombre puede realizarse como ciudadano del cosmos en este universo dotado de una razón suprema (*logos*), que actúa conforme a las leyes de la naturaleza y lo interconecta todo en una *sympatheia* global. Pero es la ética cotidiana y práctica de la virtud lo que nos hace mejores y nos acerca a esta naturaleza inteligente, también para comprenderla mejor.

El estoicismo fue la filosofía más popular en el mundo helenístico y romano, y hoy vuelve con enorme fortuna entre los modernos, ya sean empresarios o políticos. En la época de la crisis económica y pandémica, el estoicismo nos sigue iluminando, como expone Massimo Pigliucci con razones convincentes en *Cómo ser un estoico*. Los más famosos de estos filósofos, aparte del fundador, Zenón, fueron romanos de pro como los citados Séneca y Marco Aurelio. Recordaré también al gran Epicteto, cuyo imprescindible *Manual* ha sido últimamente traducido y anotado por Óscar Martínez García e Ignacio Pajón. Es evidente la actualidad de este modo de pensar: tan moderno que parece hecho a medida de la moderna autoayuda para superar el dolor, el paro, la muerte o la desesperanza.

Cómo ser un (buen) cínico

El primer ejemplo de movimiento contracultural que desafió al poder y decidió instalarse en los márgenes de la sociedad para criticarla fue el de Diógenes de Sinope, llamado «el Perro», que vivía en una tinaja y buscaba a un verdadero hombre con una linterna. Definido como «un Sócrates enloquecido», Diógenes el Cínico dejó una huella indeleble en la historia del pensamiento alternativo y sigue siendo hoy una de las figuras más reclamadas en nuestro mundo actual: desde las revueltas estudiantiles de los sesenta hasta movimientos como Anonymous o el 15-M, las diversas resistencias contraculturales han reivindicado el cinismo como un pensamiento necesario que hace uso de la paradoja o del humor para delatar las contradicciones y las injusticias de nuestra sociedad. Una especie de filosofía punk, anárquica y rompedora, que pretende *épater le bourgeois* y que no deja a nadie indiferente, el cinismo nace a la sombra de la floreciente cultura urbana del helenismo, como una escuela filosófica parásita pero desafiante. Hoy nos dice mucho, en nuestro mundo, tan semejante a aquel, esta filosofía descarada que pretende cantarle siempre las verdades a la sociedad de forma alocada e irreverente. Frente a la mayoría biempensante y políticamente correcta de las redes sociales y la política de pensamiento único, necesitamos aún el «buen» cinismo: en alemán se distingue con otra grafía del «popular» cinismo: *Kynismus* frente a *Zynismus*, como hace Peter Sloterdijk en su ya clásico libro *Crítica de la razón cínica*: pienso como eslogan en «Z de Cinismo», como un «Zorro» justiciero o una «V de Vendetta», parafraseando a otro clásico moderno de la rebelión cultural. El cínico clásico, en fin, se sirve del asombro ante una acción humorística o escandalosa que, convenientemente formulada con intención crítica y filosófica, puede hacer mucho más daño como aldabonazo de las conciencias que un docto y sesudo tratado.

Basado en la divisa de «alterar la moneda en curso» (*paracharattein to nomisma*), es decir, transmutar los valores de un mundo sin valores o falsificar lo que ya está falsificado, el cinismo propone un retorno a una vida sencilla de acuerdo con la naturaleza (*kata physin*) frente a la moral cívica tradicional, sin cuidarse de la especulación de otras escuelas, sino de una filosofía práctica y ascética. Para el cínico contamos ya con los elementos básicos para obtener la felicidad y debemos conquistarla con nuestra autonomía, desafiando las convenciones que nos atan y viviendo libres y de forma autosuficiente. Antístenes, Diógenes o Crates —y alguna filósofa como Hiparquía— ejercieron este pensamiento subversivo transmitido en numerosas anécdotas que reflejan estrategias para evidenciar las vergüenzas de la sociedad, protagonizadas por estos sabios locos y pícaros que, con un aire ingenuo, satírico y lúcido, nos sitúan ante el espejo de nuestra necedad. Hay muchas anécdotas que ponen a Diógenes junto a un poderoso, contraponiendo su independencia con el poder y la fama. La más célebre es la de Alejandro preguntando a un indolente Diógenes qué puede hacer por él y este respondiendo que deje de hacerle sombra: un tópico del encuentro entre el rey y el sabio que aparece también en el mundo oriental y que configura al filósofo como una suerte de brahmán agudo y rápido en las réplicas, siempre libre y autónomo.

Tales historias, que en su mayoría transmite otro Diógenes posterior, Laercio, nos ayudan a comprender la validez y la vigencia de este movimiento. Muchas veces pienso que el mundo helenístico es demasiado parecido al nuestro propio, como también lo es la Antigüedad tardía y el final del Imperio romano. Un mundo alterado, adulterado y en cambio acelerado, con movimientos de población, epidemias, disturbios y crisis de todo lo establecido. Una época, en fin, de transformación. Los cínicos realizan una burla cáustica de todos los anteriores sistemas y los ponen ante sus propias contradicciones, con verdaderas «acciones» escandalosas de terrorismo filosófico, como hacer las necesidades o copular en la plaza pública… como animales, de acuerdo con la naturaleza. De su actualidad dan fe algunos pensadores actuales, de Sloterdijk a Žižek, que han recuperado el legado cínico en el marco de nuestra sociedad capitalista y multicultural. Entre nosotros es imprescindible el epítome *La secta del perro* de García Gual y, en tono de filosofía callejera, merece la pena leer *No me tapes el sol. Cómo ser un cínico de los buenos*, de Eduardo Infante.

El neoplatonismo

Sin duda alguna, la filosofía que marcó el final del mundo clásico y el comienzo del Medievo cristiano fue la neoplatónica. La Antigüedad tardía, desde finales del siglo III, fue una época de crisis —*age of anxiety*, parafraseando un célebre título de E. R. Dodds— en la que proliferaron diversas corrientes de pensamiento que ponían el énfasis en la metafísica y en la salvación del alma en el más allá. Los ideales en esta época se transforman radicalmente y se fomentan ideas como la huida del mundo, el refugio en la espiritualidad y el prestigio de los sabios, ascetas y místicos de una manera que se nos antoja sin duda revolucionaria para el final del mundo antiguo. La irrupción del cristianismo es clave sobre todo cuando, desde el siglo IV, se convierta en la religión oficial del imperio.

El devenir de la Academia platónica en época tardía es muy interesante, pues servirá de base teórica al paganismo, pero también abrirá la vía a la teología de la nueva religión dominante. Platón se convierte, junto a su precursor, Pitágoras, en una suerte de hombre providencial cuyos textos tienen inspiración divina y deben ser comentados para extraer todo su meollo. Pero, *stricto sensu*, neoplatonismo es un vocablo de origen moderno que sirve hoy a los estudiosos para englobar a una serie de pensadores que ejercen su actividad entre los siglos III y VI, concretamente desde 244, cuando Plotino abre su escuela en Roma, hasta el cierre de la Academia de Atenas por parte de Justiniano en 529.

A modo de resumen, se puede decir que los diferentes autores que suelen englobarse dentro de esta corriente coinciden en sostener la existencia de un principio único fundamento de toda la realidad, lo Uno, trascendente al Ser. La realidad es concebida como una organización jerárquica en la que los diferentes estratos o niveles ontológicos producen por emanación el nivel inmediatamente inferior. De esta manera, en cada nivel persiste una presencia del principio fundante que se va debilitando en los estratos inferiores, en los que aumenta el grado de concreción, multiplicidad y materialidad. Esta escuela filosófica es de una enorme variedad y nos interesa hoy por su parecido con otros movimientos de sincretismo religioso o filosófico posteriores: la utilizaron como discurso común las tres grandes religiones monoteístas y fue mucho más que una corriente filosófica, llegando a impregnar de forma indeleble la literatura y también la religiosidad común. El fundador de la corriente, el egipcio Plotino (c. 205-270), alumno del destacado filósofo Amonio Sacas, teorizó primero sobre el Uno trascendente, más allá del Ser, y sobre la escuela ascética y meditativa del filósofo como hombre divino en pos del sumo bien. Su alumno Porfirio de Tiro (c. 233-309) editó y asentó sus doctrinas mientras que Jámblico de Calcis (c. 245-325) imprimió a la «escuela» un giro hacia lo místico. El emperador Juliano (c. 331-363), llamado el Apóstata, fascinado por esta escuela, intentó convertir el imperio en un nuevo hogar para el paganismo reformado que proponía este tardío platonismo.

Hubo un neoplatonismo más racional, en el que primaba la exégesis platónica y la especulación científica (ahí estaba, por ejemplo, la célebre Hipatia de Alejandría), y otro más irracionalista, que acentuaba los matices místicos por medio de la teúrgia, una técnica cercana a la magia, y que acabó teniendo problemas con las autoridades cristianas. En el último neoplatonismo destacó especialmente Proclo, fundador de un influyente método hermenéutico y a la par un reputado teúrgo. El neoplatonismo sigue siendo importante hoy en día por su combinación ecléctica de diversas filosofías, no solo el platonismo y el aristotelismo, sino también las filosofías helenísticas como el estoicismo. Además, se convirtió en un pensamiento crucial para la génesis de la ciencia y la filosofía modernas en el Renacimiento: fue la corriente que siguieron, por ejemplo, Marsilio Ficino, Nicolás de Cusa o Giordano Bruno. En las páginas y páginas de comentarios científicos de los neoplatónicos se demuestra la curiosidad intelectual y la abigarrada doctrina de esta escuela, cuyo influjo es posible también detectar en Kepler, Copérnico o Newton. Hoy está más de actualidad que nunca, porque en cierto modo representa la superación del divorcio moderno entre ciencias y letras, por no hablar de la conjunción entre religión y ciencia, que está en la base de esta doctrina. Cuando el Humanismo y la Ilustración redescubrieron al verdadero Platón el neoplatonismo fue poco a poco relegado a la poesía, el arte y la historia de la filosofía antigua. Pero hoy, curiosamente, esta ecléctica filosofía de la Tardoantigüedad se ha convertido en la favorita de la posmodernidad.

17 MIRADAS CONTEMPORÁNEAS AL MITO Y AL MUNDO CLÁSICO

Los orígenes del pensamiento en Grecia y la India

Como ya sabemos, la filosofía griega está de moda, desde el platonismo al estoicismo, y parece que ha venido a tomar el testigo del fervor *new age* por el pensamiento indio. También la antigua China, en sus textos y sus mitos, está cobrando fuerza. Pero estas grandes culturas se encuentran más estrechamente entrelazadas de lo que se creía y tal cosa hoy se investiga apasionadamente. Sobre todo, interesa destacar el nexo esencial de la génesis del pensamiento en las dos grandes culturas indoeuropeas que más destacaron por sus avances especulativos en la Antigüedad, Grecia y la India.

¿Estuvo alguna vez Pitágoras entre los brahmanes? ¿Aprendió Platón las doctrinas de la reencarnación en un legado que remonta a la India? ¿Por qué hay tan significativa coincidencia entre las obras clave del pensamiento sapiencial que se compuso en griego, védico y sánscrito? Entre la distancia que va del mundo de los vedas y el hinduismo a los fundamentos de la filosofía llamada presocrática parece haber una línea tenue y enigmática pero inconfundible que sigue provocando un encendido debate entre los filólogos y estudiosos de la historia de la filosofía antigua y de las religiones. No acaban de ponerse de acuerdo sobre la relación entre estos dos grandes pueblos de la Antigüedad que perfilaron el pensamiento más original e innovador de la era axial, utilizando una idea del filósofo Karl Jaspers. Parece que, en el primer milenio antes de Cristo, se desarrollan líneas de pensamiento similares entre los paralelos 20 y 40 del hemisferio norte en dos regiones clave: el mundo griego (entre Grecia y la Magna Grecia, es decir, el sur de la actual Italia) y la India, con estribaciones también más allá, en China. Aparentemente, no hay conexión demostrable, pero llama la atención el parecido de ciertas nociones filosóficas que lo cambiarán todo en lo sucesivo: a través de la reflexión se busca que el hombre abandone sus limitaciones, su propio yo, y proyecte su anhelo de trascendencia. Además, es el momento en que los filósofos aparecen en la escena pública.

No hay que subestimar tal revolución filosófica, parangonable a la revolución cognitiva del *sapiens* en África y Asia, o a la revolución neolítica y agrícola, que también se da en varias regiones del mundo a la vez. La reflexión y la meditación grecoindia (y china, en su medida) hacen que la historia de la humanidad dé un gran salto adelante. Por primera vez se formulan conceptos abstractos, desde la agrimensura, la moneda, las nociones fundamentales de la geometría o la legislación armónica y distributiva hasta las ideas teológico-filosóficas de que el cosmos está regido por las proporciones matemático-musicales, la búsqueda del ser trascendente —de Pitágoras y Parménides a los vedas y la *Bhagavad Gita* (y, más allá, Confucio, el *I Ching* o el *Tao Te Ching*)—, y, por encima de todo, la idea del alma y la perspectiva ética del más allá como guía para un comportamiento mejor en este mundo en espera de una recompensa en el venidero.

Todos estos puntos ponen en contacto con preferencia a Grecia y a la India. Está claro que, ya desde comienzos del siglo XIX, se acreditó el cercano parentesco de los pueblos llamados indoeuropeos. El auge de la comparatística, desde la conquista británica de la India, abre el camino para que lingüistas, expertos en mito y religiones comparadas, folklore y fábulas establecieran más allá de toda duda el origen común de la gran familia indoeuropea. De ella se desgajó una rama oriental, indoirania, y otra occidental cuyos esquejes griego e indio fueron los más productivos en la Antigüedad: dos expresiones de ese árbol común que produjeron en épocas remotas mitologías y sociedades en cierto modo paralelas.

Pero ¿y la citada revolución intelectual? ¿Poligénesis o filiación? ¿Contactos en la propia era axial? Es algo que quedó pendiente de probar en el siglo XIX, como meros apuntes histórico-culturales; aunque era verosímil pensar en un origen común, tenía que haber otras causas. Los expertos están divididos: un libro de Richard Seaford (*The Origins of Philosophy in Ancient Greece and Ancient India*), por ejemplo, rechaza pruebas de ningún contacto antes de la época de Alejandro Magno (siglo IV a. C.) y su célebre expedición. Desde entonces se establecerán las monarquías helenísticas y sus sucesores en los reinos greco-bactrianos e indogriegos, hasta el cambio de era. Esto, como estudia otro excelente libro (*Oriente y Occidente en la Antigüedad clásica*, de Juan Pablo Sánchez), sienta las bases de una relación más profunda, que alcanzará incluso a China. Al mundo romano llegarán sus productos a través de la llamada «Ruta de la Seda». De hecho, se puede estudiar la historia del mundo a través de este corredor, como hace el ya citado historiador Peter Frankopan en su libro *El corazón del mundo*, destacando la importancia de esta zona y del triángulo privilegiado entre la región sirio-palestina y el sur de Anatolia. Por allí, además de mercancías, transitan todo tipo de ideas revolucionarias.

Sin embargo, otros historiadores prefieren sondear raíces más antiguas que tienen que ver con el papel mediador del Imperio persa aqueménida, de lengua irania y religión indoeuropea, el dualismo zoroastriano. Es verosímil pensar en su mediación en la época autoral del pensamiento griego, los siglos VII y VI a. C., como gran catalizador entre Oriente y Occidente, la India y Grecia. El Imperio persa atravesaba una gran calzada real que unía sus capitales desde Oriente a Occidente, siguiendo a grandes rasgos una antigua ruta: si no la recorrió Pitágoras, como dice su leyenda, sí lo hicieron las ideas que le inspiraron. Sin duda, era una gran autopista de la información: a partir de la época de Cambises, unirá las inmediaciones de la India con el mar Egeo y con Egipto. Además del comercio, el intercambio de ideas une el oriente indo-iranio con ese «corazón del mundo», y todo desemboca, no por casualidad, en Mileto, no lejos del fin de la calzada real persa en Sardis. Por allí transitan las ideas acerca del alma, la reencarnación, el número, la proporción geométrica, la música de las esferas y demás argumentos comunes a Grecia e India en pos de la superación de la aparente multiplicidad de fenómenos y hacia un *logos* común y más allá del yo individual.

La cuestión es que en el mundo antiguo no hay que contar con los límites geográficos entre regiones que tenemos interiorizados hoy en día: hubo un flujo de pueblos y culturas constante entre los continentes. Si Bering, Gibraltar o el salto entre Indochina y Oceanía no fueron barreras infranqueables para la expansión revolucionaria del *sapiens* y de todas sus culturas, cultivos y mitologías —la humanidad parece una sinfonía común con diversos instrumentos, como quería Campbell—, ¿cómo no van a estar en contacto la civilización griega y la antigua cultura india pese a estrechos, cadenas montañosas o desiertos? Por eso, la pregunta de si existió una ruta de la seda antes de la Ruta de la Seda es muy relevante.

Algunos especialistas en la Grecia y la India antiguas están trabajando para encontrar una respuesta. Pienso en las investigaciones de Peter Kingsley y en sus novedosas aproximaciones a la filosofía antigua de Empédocles o Pitágoras. En su último libro, el ensayo titulado *Realidad*, muestra el viaje que desemboca en la Elea de Parménides a fines del siglo VI a. C., pero que bien podría incluir también a Heráclito, que para nada es opuesto al de Elea en su integración de una razón unitaria y más allá de la conciencia aparente en su afán de despertarnos de lo que consideramos vigilia hacia una nueva realidad más allá de los sentidos. Se puede leer su libro en paralelo al de William K. Mahony *El universo como una obra de arte*, que da cuenta de esa sinfonía o ritmo existencial que une la *rtra* de los antiguos vedas con la *harmonia kosmou* pitagórica y la meditación advaita o no dual con el ser parmenídeo.

El milagro griego tiene profundas raíces asiáticas, como estudiaron Walter Burkert o Martin L. West, pero más allá de Anatolia nos lleva a la antigua India. Los textos védicos, el *Ramayana*, *Mahabharata*, pero, sobre todo, dentro de este, la *Bhagavad Gita*, son obras de referencia de la filosofía india, como un viaje que lleva más allá de lo aparente. La *Bhagavad Gita*, canto del héroe filosófico en un carro guiado por la divinidad —a la manera de Parménides— es el libro clave sagrado del hinduismo. Hoy tenemos la suerte de contar en castellano con varias ediciones y comentarios magníficos: la de Fernando Tola, ilustrada con imágenes del arte indio, y la de Juan Arnau, experto en sánscrito y filosofía india. Precisamente, Arnau es el que más ha hecho en nuestro país por difundir el pensamiento indio en relación con Grecia, en libros como *En la mente del mundo*. Basta recordar en la *Gita* cuando Krishna aconseja a Arjuna, justo antes de entrar en combate, la ética sapiencial del héroe que busca la realidad más allá del yo.

Grecia y la India suenan a un mismo ritmo vital y filosófico, a la música del *logos*. Y seguramente es el mundo persa el mediador por excelencia de este paralelismo fundamental. Posiblemente, lo mejor que podemos hacer en la vida es leer ambas filosofías a la par: la *Bhagavad Gita* en paralelo a los *Fragmentos presocráticos*, en edición bilingüe de Alberto Bernabé, que apunta siempre apasionantes materiales para una comparación con la India: el Atman o Brahman detrás de las *archai* de los milesios. En suma, el nexo entre Grecia y la India, pese al enigma irresoluble de su encuentro primero, alimenta espiritualmente nuestro mundo y extiende sus revolucionarias concepciones a uno y otro lado del orbe, en un viaje tan apasionante como el del héroe de Parménides y el Arjuna de la *Gita*, en un carro de caballos y guiado por la divinidad mediadora, para entender la relación entre materia y conciencia.

Pero muchas otras herencias culturales unen Grecia y la India: desde el número y la matemática hasta la épica o la fábula. Lo que Francisco Rodríguez Adrados llamó «el río de la literatura», en su vertiente popular, fluye en dirección oriente-occidente. Un ejemplo es el fascinante *Panchatantra*, la colección de fábulas indias tan semejante a Esopo y con tantas postrimerías: historias de animales usadas como espejos de príncipes y enseñanzas morales. Sabemos que la matemática india llegó en cascada posteriormente, en la Tardoantigüedad y el Medievo, a través del mundo árabe, con el cero, los números arábigos y la revolución algebraica; no obstante, mucho del concepto matemático-musical del cosmos empareja Grecia y la India desde antiguo. Fernando Wulff estudió en *Grecia en la India* las similitudes entre las épicas del *Mahabharata* y de la *Ilíada*; luego prosiguió con la comparación en un contexto espaciotemporal ampliado en *A orillas del tiempo: historias entre mundos dos mil años atrás*. E incluso, si se sigue la historia del juego de ajedrez, que es una de las más fascinantes de la humanidad, podemos analizar también un recorrido entre Oriente y Occidente que remonta sus raíces a la India e involucra a Grecia y a China. Lo que fue un entretenimiento intelectual de la élite axial en torno al siglo III a. C. derivó en un juego filosófico y metafísico; además, pasó de tener cuatro jugadores a tener dos, y fascinó en la Antigüedad tardía y luego en el Medievo a indios, chinos, persas, árabes, bizantinos y europeos. Larga es la sombra de la relación sapiencial entre Oriente y Occidente en la cuna de nuestras civilizaciones.

Por qué indagar en la vida de Platón

¿Por qué nos interesa tanto la vida de los filósofos? ¿Es relevante conocer cómo era la familia de Platón y que fueran sus hermanos mayores los que le presentaron a Sócrates antes de ser el discípulo elegido? ¿Y el saneado estado de sus finanzas, que le permitió adquirir la Academia o financiar notorias obras públicas? ¿Sus inclinaciones sexuales? ¿Sus fracasos políticos o literarios? Siempre ha interesado combinar su vida privada y pública con su fascinante obra. Asuntos como el «amor» o los «mitos» platónicos, «la teoría de las ideas» y las «utopías políticas» pueden entenderse de otra manera a través de su biografía, por muy evanescente y poblada de dudosas anécdotas que llegue a estar. Así pues, merece la pena indagar en la vida de Platón, en lo que sabemos de ella más allá de toda duda y en lo que ha trascendido de las diversas fuentes, más o menos contemporáneas, de la doxografía y de los rumores mal intencionados. Todo ello es importante a la hora de esbozar un fresco histórico-biográfico que permita aproximarnos cabalmente a la figura del más grande pensador de la historia.

Ya sabemos que el filósofo británico Alfred North Whitehead —autor, junto con Bertrand Russell, de la obra de la que surgió gran parte de la lógica del siglo XX— escribió que toda la tradición filosófica europea no era más que una serie de notas a pie de página a las obras de Platón. Y con razón: el filósofo griego formuló todos los problemas que desde entonces se han convertido en típicos de la filosofía, en ontología, epistemología, antropología, psicología, ética, política o cosmología. Un siglo después, otro británico, el helenista Robin Waterfield, tomó la pluma en su biografía *Platón de Atenas* para hablarnos del pulso de su vida, pública y privada, y, lo que es más importante, para desvelarnos su gran obra literaria y filosófica, que se concreta en los inolvidables diálogos que nos ha legado para siempre.

Platón tuvo una larga vida entre los siglos V y IV a. C. Nació en Atenas en 428/427 —aunque Waterfield habla convincentemente del 425/424—, en el seno de una familia aristocrática que se decía que se remontaba nada menos que al mítico rey Codro de Atenas y que estaba emparentada con el sabio legislador Solón y con varios famosos Critias (como el tirano de 404-403, que era su tío). Hijo de Aristón y Perictione, se cuenta que se llamaba Aristocles, como su tío (Waterfield defiende que su nombre auténtico era Platón), y que tenía dos hermanos mayores, Glaucón y Adimanto, que fueron quienes le presentaron a Sócrates y a los que homenajea sentidamente en su obra. Nos interesa especialmente seguirle la pista al joven Platón, buen representante de aquellos vástagos de la aristocracia ateniense que se preparaban a conciencia para brillar en la política. Pero frente al modelo ético-político de los sofistas —y su deriva demagógica que truncó la democracia ateniense y lastró su desempeño en la guerra del Peloponeso—, representaba cierto idealismo bajo la guía de Sócrates, el «maestro de verdad» que no dejó a nadie indiferente, como diría Detienne. Su juicio y condena en 399 hicieron que Platón perdiera la fe en la posibilidad de cambiar la *polis* desde dentro y emprendió un inolvidable proyecto de reforma a partir del individuo y su educación, basada en las artes y ciencias de las Musas, en la filosofía y en una nueva idea de literatura. Lo hizo a través de la famosa Academia que fundó en el edificio que compró junto al jardín sagrado dedicado al héroe tutelar Academo, en el 387 (o el 383 para Waterfield) y que permanecería activa mucho después de su muerte, gobernada por varios «escolarcas».

Esta biografía dedica numerosas páginas a justificar su elección de una cronología de la vida de Platón, absoluta y también relativa a sus maravillosos diálogos. ¿Y por qué es tan importante? Porque es un modo de comprender una obra que se forjó a lo largo de más de cuarenta años de pensamiento y escritura. Platón, como bien decía Nietzsche —antes de demonizarlo, por razones que solo él conoció— cuando le dedicó sus lecciones de juventud desde su cátedra de Basilea, era, ante todo, y más aún que un pensador, un grandísimo literato. De hecho, Platón es seguramente el primer gran escritor de la Antigüedad que escribe con el objetivo de que lo lean en una sociedad que pasa de lo oral —cabe pensar en Heródoto, por ejemplo, que aún escribía su gran historia en época de Pericles para que lo recitaran ante un auditorio— a una sociedad regida por los parámetros de escritura. Antes de Platón, «la Musa» todavía no había «aprendido a escribir», parafraseando el título de Havelock, o al menos no a utilizar la escritura como vehículo preferente. Es importante tener esto presente como «prefacio a Platón» (Havelock).

El autor se adentra en los vericuetos más complejos de la evolución del pensamiento platónico, en el plano religioso, mítico, político, personal, familiar y amical: en el marco de las relaciones con la convulsa intelectualidad de la Atenas de posguerra, con su cambio de paradigma sociopolítico. Las páginas en las que Waterfield analiza el círculo de estudiantes de Sócrates, cuyo máximo exponente era Platón, son interesantísimas: ¡qué enorme influencia ejerció Sócrates sobre sus contemporáneos y su inmediata posteridad! Critias, Esquines, Jenofonte, los posteriores cirenaicos, megarenses, cínicos o estoicos… Waterfield reconstruye con habilidad y sencillez los años de juventud de Platón, su educación y familia, el ambiente socrático… También, posteriormente, el de los estudiantes de Platón y la relación con el círculo pitagórico que se examina en las diversas travesías que emprende a la Magna Grecia.

En el primer viaje (388 a. C. según la datación habitual, 385 a. C. para Waterfield), intentará implicar en su proyecto a Arquitas, tirano de Tarento y famoso pitagórico, y luego al tirano de Siracusa, Dionisio el Viejo, de cuyo joven cuñado, Dion, Platón había sido maestro y amigo. Sin embargo, fracasó y tuvo que huir de Siracusa (cuenta una anécdota que, en el viaje de vuelta, entre otras cosas, lo llevaron como esclavo a la isla de Egina, enemiga de Atenas, donde fue rescatado por amigos atenienses). Su idea de la Academia, que fundó poco después de su primer viaje, era organizar, quizá con el modelo del pitagorismo, un grupo político-sapiencial capaz de regir los destinos del Estado uniendo política y conocimiento. En el segundo viaje (366), a la muerte de Dionisio, intentará influir en su hijo y sucesor Dionisio el Joven, al que había invitado, creyendo que Dion tenía más crédito. Sin embargo, Platón fracasa de nuevo y Dion acabó en el exilio. Un último viaje, en el año 361 a. C., para convencer a Dionisio de las bondades de la filosofía también fracasó y a duras penas Platón pudo regresar a Atenas. Finalmente, Dion intentó dar un golpe de Estado, desengañado acaso de la vía filosófica, y murió asesinado en 353. Poco después, en Atenas, murió también Platón (en el 347 a. C.).

La información sobre estos viajes la tenemos gracias al mismo Platón y sus cartas (en particular, las VII y VIII), que Waterfield, con su admirable manejo de las fuentes, comenta por extenso argumentando en favor de la autenticidad de algunas de ellas. Pero ahí siempre nos cabe la duda. Qué hermoso sería que esas cartas fueran reales para entender bien la biografía de Platón, como asegura Waterfield. Pero me parece extraño que alguien que no ha dado la cara durante cientos y cientos de páginas de repente decida mostrarse, y en primera persona, tras ocultarse bajo las múltiples máscaras como la de Sócrates y sus interlocutores a lo largo de tantos diálogos. Otros temas de interés en su biografía, además de la relación con los círculos pitagóricos —muy lejos del pitagorismo original, por cierto— que quedaban en la Magna Grecia, son los de los años de rivalidad con la escuela de Isócrates, su gran competidor en la educación de las élites atenienses, o el papel de sus discípulos en la política de su época. Es decir, cómo (y si) trataron de influir en sus *poleis* para instaurar una reforma que las salvara del canto de cisne que estaba experimentando en esos momentos.

Interesa especialmente el siempre fascinante contexto de la Academia, especie de nuevo templo de las Musas centrado en la sabiduría. Waterfield aborda el funcionamiento interno de la escuela y se muestra escéptico acerca de las famosas lecciones orales que habría dado Platón y que no serían un esoterismo *à la Pythagore*, sino una suerte de vertiente pública de la escuela, como complemento a los diálogos. En suma, una biografía vibrante y llena de información históricamente comprobable, con hipótesis plausibles y bien defendidas. Sobre todo, muestra la importancia de seguir indagando en la vida y obra de Platón. Es el filósofo más grande de la historia y uno de los mejores escritores, como prueban sus mitos. Por eso nos interesa tanto.

Lo que de ti depende: estoicismo para tiempos revueltos

Ante el mundo que colapsa, cuando todo parece derrumbarse tanto en el plano individual como en el colectivo, céntrate en lo que de ti depende y ten esto a mano: nada de fuera puede dañarte... Así nos lo dice el antiguo estoicismo romano, un pensamiento que se puede «tener a mano» a modo de guía que nos ayuda en las acciones y las decisiones del día a día. El estoicismo había surgido como escuela de pensamiento en época helenística (siglo III a. C.), pero, tras una evolución que llega hasta el mundo romano del siglo II, se había centrado mucho más en la perspectiva personal, en la ética del ciudadano de un vasto imperio, como el romano, en sus tareas cotidianas. En nuestro mundo actual resulta sorprendente lo familiares que son las ideas de los grandes estoicos de la época romana, sobre todo las de Marco Aurelio y Epicteto. Ambos, que escriben su obra en griego en ese siglo II, representan muy bien los ideales del sabio estoico en su vertiente de hombre de reflexión, misión, vocación y acción. Constituyen dos extremos de la pirámide social del mundo romano. El primero fue emperador; el segundo, esclavo. Pero Marco Aurelio, que gobernó desde la capital del mundo, y Epicteto, que enseñó en su escuela en una ciudad de provincias, apuntan las mismas cosas. Cada uno tuvo un destino —anhelado u odiado por muchos indistintamente—, luchó y se amoldó a él. De joven, Epicteto fue esclavo, quedó cojo por malos tratos, luego fue manumitido y acabó ganándose la vida como maestro. Marco Aurelio era un joven soñador que anhelaba ser filósofo, pero sobre el que recayó la más grave responsabilidad imaginable. Desde su ascenso al trono pasó poco tiempo en Roma y tuvo que viajar por las fronteras para afrontar una serie de campañas larguísimas contra los bárbaros. Ambos representan dos modelos de cómo el estoicismo ayuda en la ética cotidiana a cada cual, indistintamente de la misión que le haya tocado, en la búsqueda de la serenidad y la tranquilidad de ánimo, que son —qué duda cabe— los ingredientes básicos de la felicidad.

Es muy característica de esta escuela la idea de tener presente un «manual» de pensamientos básicos. Tal cosa es, de hecho, el llamado *Manual* de Epicteto, que escribió su discípulo Flavio Arriano y que estaba destinado a «tener a mano» su pensamiento. Esta es una expresión que también suele repetir Marco Aurelio en sus *Meditaciones*, otra obra que resume muy bien los saberes del estoicismo romano. Las dos obras mencionadas son muy peculiares en el mundo antiguo. Probablemente, Epicteto no escribió nada, en la tradición de los grandes sabios de la Antigüedad, y los apuntes de sus lecciones fueron tomados por Arriano para elaborar esta especie de vademécum, a modo de «manual», en griego *Encheiridion*. El caso de Marco Aurelio también es curioso: su obra, conocida como *Meditaciones* o *Pensamientos*, en realidad se ha transmitido simplemente con el título de *Para sí mismo*, en griego *Eis heauton*. Es una suerte de conjunto muy dispar de notas personales, a modo de diario íntimo, que el emperador fue tomando durante las campañas de guerra. La peculiaridad de este libro es, precisamente, que no es un libro, porque con toda seguridad su autor nunca quiso publicarlo y, por tanto, nos ha llegado casi de casualidad en una transmisión realmente inverosímil.

En suma, Epicteto no quiso escribir y Marco Aurelio no quiso que lo leyéramos. Entonces, ¿qué tienen que decirnos sus obras? Sus dos libros, breves, concisos, precisos y maravillosos, han llegado hasta nosotros con un potentísimo mensaje precisamente por esa falta de artificio; son el epítome del saber práctico del estoicismo romano. Es fácil entender las razones de la moda actual del neoestoicismo. Tiene mucho que ver con esa claridad y practicidad de su pensamiento que nos ayuda a buscar el punto de equilibrio ante los problemas. No es casualidad que haya cundido entre los grandes gurús de las tecnológicas de Silicon Valley, entre *youtubers* de muy diverso pelaje, entre seleccionadores de fútbol o entrenadores personales, entre boxeadores o exmilitares. Tampoco que haya sido un libro de cabecera para diversos gobernantes, desde Federico II de Prusia y George Washington hasta Bill Clinton. Pero hay que desconfiar de mediadores o neoestoicos que nos explican lo que pensaban Marco Aurelio o Epicteto: muchas veces manipulan o falsean su pensamiento, otras son fieles… En realidad, hay de todo. Pero principalmente hemos de acercarnos a los libros clave del estoicismo y leerlos una y otra vez con detenimiento en buenas traducciones.

Veamos solo una de las ideas principales: evitar los juicios de valor y las impresiones, lo que en griego se dice *phantasiai*, y que en realidad se puede traducir bien por «imágenes mentales», y centrarse en lo que de nosotros depende. Nuestra percepción está condicionada por el deseo (que hay que evitar), los impulsos y las pasiones (como la ira, que nos hace reprochar nuestro destino a los dioses o a otros seres humanos cuando realmente solo nos incumbe lo que de nosotros depende). Recordamos cómo comienza el *Manual* de Epicteto en la excelente traducción de Óscar Martínez: «De las cosas que existen, unas dependen de nosotros, otras no. De nosotros dependen el juicio de valor, la motivación, el deseo, la aversión y, en una palabra, todo cuanto es acción nuestra. […] Si piensas que solo es tuyo lo que es tuyo, y que lo que es ajeno es ajeno (como así es en realidad), nadie te coaccionará jamás, nadie te pondrá obstáculos, no reprocharás nada a nadie, ni acusarás a ninguno; no harás nada contra tu voluntad, porque no te golpeará ningún daño». La libertad estoica reside en este preocuparse solo de lo que de uno depende. Para el exesclavo, la condición y carácter del filósofo es esperar todo, beneficios o daños, solamente de uno mismo. Nada de fuera nos afecta: «Puedes ser invencible si no entras en ninguna batalla de la que no dependa de ti salir vencedor; [sé] un hombre libre. Y solo hay un camino para ello: el desprecio de lo que no depende de nosotros» (19).

Coincide con esto el emperador-filósofo, solo la filosofía es capaz de «liberarnos», al proporcionar serenidad y felicidad, desligándonos de la esclavitud de los juicios de valor ajenos, de lo que se suele pensar que es bueno o malo. Marco Aurelio propone descubrir lo que la razón divina que gobierna el mundo quiere, y aceptar lo que nos está destinado a cada uno. En su caso, intrigas, usurpaciones, calumnias, todo lo que le tocó cuando fue designado emperador. No por eso se volvió soberbio o cruel, sino que siguió su camino filosófico. Ante todo, cumplieron con su misión: uno como esclavo y maestro de su escuela; el otro como emperador que ha de batirse una década con los bárbaros entre lodo, nieve y sangre, afrontar la muerte de seis de sus hijos o las traiciones de su hermano, entre otras cosas. Pero como dice Epicteto: «Todo problema tiene dos asas, una que lo hace llevadero y otra no llevadero» (43).

Marco Aurelio apunta en las *Meditaciones* que es imposible que la razón universal tome malas decisiones (VI, 44), que lo que conviene a la colmena por fuerza conviene a la abeja. Por eso hay que alegrarse de lo que nos sucede, independientemente de si la opinión común cree que son buenas o malas cosas (muerte, dolor, nombramientos, guerra, riqueza, sufrimientos...), todo tiene un sentido y hay que aceptarlo. También hay que entender al prójimo: alegrarse de compartir la vida con quienes nos ha tocado compartirla y de sus virtudes (VI, 48), pero también intentar convencerlos cuando actúan contra la razón global (VI, 38). Incluso los ingratos, malvados o impertinentes (II, 1) están hechos para colaborar con nosotros como pies, como manos, como párpados... Hemos de aceptarlos también como parte del todo con quien nos ha tocado vivir en este mundo. Igual que lo que se estima honor y deshonor, fortuna o infortunio, maldad o bondad: no es algo que dependa de nosotros, sino que nos viene dado; en consecuencia, hay que aceptarlo. En ese sentido, nos recuerdan Epicteto y Marco Aurelio, la gran lección es la libertad estoica de mirar hacia el interior y localizar en el principio racional —lo que llaman a veces «el dios interior», «el refugio»— las claves que nos permiten ver claramente que todo tiene un sentido y cuál es nuestra misión. Incluso cuando todo se tambalea. Hay que leer a los estoicos en tiempos revueltos.

Dos consejos estoicos

Primer consejo: retirarse en uno mismo.

«Buscan algunos para sí mismos los retiros campestres, marinos o montaraces, y también tú te has acostumbrado a desear sobre todo tales cosas. Pero esto es lo más necio, dado que te es posible en cualquier momento retirarte en ti mismo. Pues el ser humano no puede retirarse a ningún lugar más tranquilo o calmado que aquel que está en el alma que tiene en sí mismo, especialmente quienquiera que tenga dentro tales pensamientos, ante los cuales, si te inclinas a observarlos, al punto se produce una total serenidad. Y, esta serenidad, digo que no es otra cosa que el bueń orden. Conque continuamente concédete a ti mismo este retiro y renuévate a ti mismo» (*Meditaciones*, IV, 3).

Durante las vacaciones de verano, buscamos rebajar el ritmo frenético del curso en alguna playa tranquila o en una casa de campo para, como suele decirse ahora, «desconectar». Y, sin embargo, muchas veces estamos más «conectados» que nunca a nuestras viejas costumbres y personalidades, a la vida activa e incluso, lo que es peor, a actitudes dañinas en lo individual y lo colectivo, o a la obsesión por las cosas materiales. El teléfono no deja de sonar y, por supuesto, de incordiarnos con un aluvión de reclamos. Somos incapaces de retirarnos realmente a pensar en las cosas que importan, por muy estupendos que sean nuestros retiros vacacionales, en un pequeño pueblo o en un país lejano. Esto recuerda muchas veces a quienes, turbados en su ánimo y en busca de respuestas, buscan complicadas místicas orientales cuando tienen muy cerca los remedios de la filosofía clásica y la espiritualidad occidental. Es irse muy lejos a buscar algo que «tenemos a mano».

Es una expresión que me gusta mucho porque me recuerda el afán estoico por recordar tres o cuatro principios clave que reflejan las obras de Epicteto o Marco Aurelio. ¡Qué relevancia tienen sus palabras, pese a los siglos transcurridos, en nuestro mundo de hoy, hiperconectado y angustiado por las notificaciones y las noticias que pueblan nuestros malhadados dispositivos móviles! Ya no es que estemos en intensa conversación con amigos, vecinos o familiares en verano, sino que, por desgracia, muchas veces la única conversación que establecemos es con la máquina que llevamos en el bolsillo y que nos esclaviza cada día, incluso en vacaciones. ¿Por qué no buscar con preferencia la conversación con uno mismo, como recomendaba Marco el emperador? Y es que, hoy, hablar con uno mismo tiene cierta mala fama. De hecho, si se hace en alta voz, puede que a uno lo tomen por loco, cuando seguramente no haya nada más sano para la mente que la conversación con uno mismo: la reflexión y la meditación con el principio que rige nuestra razón, más allá de los pensamientos inmediatos. Es un ejercicio que no nos resulta fácil. Dice Marco Aurelio: «Excava dentro de ti. Dentro está la fuente del bien, que siempre puede manar si siempre excavas» (VII, 59).

Debemos dedicar al menos veinte minutos al día a estar de este modo con nosotros mismos, intentando apagar el eco del día a día, de las turbulencias que nos asedian desde el dominio exterior, la vida social, laboral, familiar y las redes sociales. Se ha elogiado demasiado la vida activa, pero lo que nos salva es la introspección que consigue apagar ese ruido exterior y su intenso eco interior. Lo recomienda el filósofo germanocoreano Byung-Chul Han en su libro *Vida contemplativa*. Se puede alcanzar esta conversación con uno mismo, que tienda a un silencio meditativo y un recogimiento especial, en un espacio interior que permita el encuentro con el «sí mismo». Es importante hacer por buscar ese tesoro interior en algún momento del día o, si no se puede, de la semana. Todas las grandes tradiciones sapienciales y espirituales han buscado ese tesoro escondido, el camino hacia el corazón y las sedes secretas que están más allá de nuestros pensamientos. Desde el vedanta advaita a Evagrio Póntico, en la Iglesia del siglo IV, existen muchas guías de cómo acabar con el rumor de los pensamientos para sumergirse en el auténtico ser en busca de su unidad íntima. En este sentido, es apasionante el libro de Javier Alvarado *Historia de los métodos de meditación no dual*, que analiza de forma comparada las diversas tradiciones desde la Antigüedad hasta hoy, de Oriente a Occidente.

En fin, no hay que dejar de buscar ese refugio interior estos días, cuando podemos escuchar la voz que nos llama a la calma, al retiro y a la conversación con uno mismo, sea espiritual o filosófica. Como recomienda Marco Aurelio: «Recógete en ti mismo: por naturaleza, el principio rector posee la facultad de bastarse a sí mismo, obrando bien y conservando la calma por eso mismo» (VII, 28).

Segundo consejo: cumplir nuestro deber.

«Por la mañana, cuando te despiertes de mala gana, ten a mano la idea de que "me levanto para mi labor de persona". ¿Y aún me lamento si voy a hacer aquello por cuya causa he nacido y por cuya gracia llegué a existir en este universo? ¿O es que acaso he sido creado para quedarme aquí, tumbado entre mantas, para estar caliente? Me dirás: "Es que esto es placentero". Pero ¿acaso has nacido para el placer, solo para las sensaciones, y no para la acción? ¿No miras los árboles, los pájaros, las hormigas, las arañas y las abejas que hacen lo propio, aportan su contribución particular al orden global? Y luego ¿tú no quieres cumplir con tu deber de ser humano?» (*Meditaciones*, V, 1).

Releamos este pasaje como si nos acabáramos de despertar de un mal sueño tras una noche agitada. A veces, es un sueño movido el que nos impide vivir una vida plena. El insomnio que aqueja a nuestras sociedades hiperconectadas y siempre pendientes de las notificaciones y las pantallas, con su cegador y excitante brillo, nos impide dormir como deberíamos. Siempre el bien dormir fue la clave de la serenidad interior, como el insomnio lo fue de la intranquilidad y las preocupaciones. Sabemos por el famoso médico Galeno —que lo fue de cabecera del citado emperador y también de su hijo, el menos ilustre Cómodo— que el emperador Marco Aurelio tenía problemas de insomnio. Hoy nos pasa a muchos de nosotros, abrumados por la responsabilidad de nuestras tareas cotidianas, agobiados por los problemas profesionales o familiares, y desbordados por la presión a la que estamos sometidos. Pues piensen en un emperador romano…

A veces, Marco Aurelio tardaba en dormirse; en otras ocasiones, le costaba despertarse: siempre quiso ser filósofo, pero le había caído sobre los hombros la enorme responsabilidad de ser emperador. Pues bien, Galeno, que acompañó a Marco Aurelio en sus campañas desde el año 170 contra los bárbaros —allí se aprendía mucho sobre heridas y fracturas— y supo aconsejarle frente a la terrible epidemia de peste, también prestó gran atención a las enfermedades del alma —que hoy llamaríamos estrés, ansiedad o depresión— empezando por su más ilustre paciente. Conocemos algunos remedios que le recetó al emperador, como el opio o la triaca, pero la clave fue, como siempre, la atención filosófica (hoy diríamos psicológica). Pese a su ansiedad, al final, gracias a la filosofía, pudo afrontar razonablemente bien su misión: cuidar de sus súbditos en un mundo lleno de convulsiones, epidemias, guerras, invasiones, intrigas e intentos de usurpación. ¿No podríamos intentarlo nosotros?

Algo parecido le ocurrió a Epicteto, otro de los grandes pensadores del siglo II, tan parecido al nuestro en tantas cosas. Nacido en Hierápolis, esclavo griego de joven en el Imperio romano, tenía problemas de movilidad en una pierna —seguramente por haber sufrido malos tratos por parte de su amo— que le hacían cojear ostensiblemente. Luego, ya liberado, acabó fundando una escuela filosófica en una ciudad de provincias, donde aconsejaba a jóvenes hombres de acción sobre cómo superar sus limitaciones y desempeñar lo mejor posible su papel en la vida. En su *Manual*, en la ya citada traducción de Óscar Martínez, nos recomienda: «Recuerda que eres el actor de una obra que discurre como desea el director: breve, si la quiere breve; larga, si la prefiere larga. Si quiere que interpretes a un mendigo, representa tu papel convincentemente; o a un cojo, o a un cargo público, o a un particular, pues ese es tu objetivo: interpretar bien el papel asignado. Adjudicarlo le corresponde a otro» (17).

Así pues, entre las luces y sombras que nos rodean, bien podríamos llevar una existencia plena si entendemos nuestro papel en el gran teatro del mundo (la metáfora de la vida como teatro es de las más antiguas y productivas, muy querida para los clásicos grecolatinos y también para los hispánicos). En todo caso, esta es la reflexión idónea para cualquier mañana de lunes. Pensemos en cuál es nuestra misión como seres humanos, en lo colectivo y lo individual. Es el primer paso para asumir, como querían los estoicos, que la divina razón lo rige todo, aunque a veces no acertemos a ver su sentido, como ante el problema del mal. Pero vayamos poco a poco: empecemos por nuestro fuero interno. Quizá, como querían Marco Aurelio o Epicteto, nuestra felicidad dependa de asumir la misión que nos ha correspondido —en lo laboral, familiar y humano, ya como poderosos emperadores, ya como maestros de escuela o exesclavos— y de hacer de su cumplimiento con excelencia nuestra vocación de vida. La clave de la serenidad cotidiana reside en comenzar por algo relativamente sencillo. Es una hermosa lección de la filosofía antigua para estos tiempos que, para empezar, seguramente nos hará dormir mucho mejor.

Del amor a la divinización: Adriano y Antínoo

Se puede decir simbólicamente que Platón y sus epígonos, hasta llegar a Alejandro y Adriano, tenían toda la razón: el amor es capaz de convertirnos en dioses, más allá de cualquier realidad mezquina del cuerpo. El amor divinizado, y esto hay que recordarlo siempre en los momentos culminantes del ciclo amoroso —quizá especialmente en las bodas—, lanza una mirada esperanzadora al más allá, como ejemplo de que la Antigüedad siempre sabe darnos lecciones a la modernidad, también en estética y ética. Pero la sublimidad trágica de algunos amores a la griega de la tradición clásica, como el de Adriano y Antínoo, recuerda también a los famosos *pueri dilecti superis* de la mitología: jóvenes de muerte prematura. Un proverbio griego rezaba: «Los amados de los dioses mueren jóvenes», y a fe que una larga serie de jovencitos del mito —Narciso o Adonis— lo ejemplificó. Estas leyendas, leídas filosóficamente, nos recuerdan que la verdadera inmortalidad, como quería el sabio de la Academia, no es la generación de hijos del cuerpo, sino del espíritu.

Este es uno de los grandes amores del mundo clásico, que dejó honda huella en la literatura y las artes. Fue entre dos hombres, un culto emperador y un delicado joven. El 22 de octubre del año 130, acaso justo el día de la fiesta que conmemoraba la muerte y resurrección del gran dios Osiris, el emperador Adriano y su séquito, entre el que destacaba su favorito Antínoo, estaban surcando el Nilo en uno de sus muchos viajes por el oriente del imperio. Tras una parada en Hermópolis, la ciudad de Hermes-Thoth, el bello Antínoo se precipitó misteriosamente en las aguas del río, donde murió ahogado a los diecinueve años. No sabemos nada a ciencia cierta de las razones de este salto al vacío de la eternidad por parte del hermoso efebo que era el *erómenos* o amado del emperador filoheleno. Se especula con un suicidio, quizá por cumplir una edad peligrosa para la relación o quizá movido por un augurio que vinculaba su sacrificio a la salud de Adriano. Recordamos las palabras de Antonio García Bellido, maestro de tantos en arte griego y romano: «La melancolía de Antínoo es una melancolía carente de orillas, privada de asideros. Es la melancolía patológica del desequilibrado. Podría decirse que sus imágenes lo figuran precisamente en la trágica crisis obsesiva que ha de arrastrarlo, que ha de empujarlo a las profundas simas del no-ser, a la definitiva liberación por el suicidio». Pero acaso no fuera un suicidio, sino que Antínoo hubiera sido, por así decir, empujado a ese salto postrero de *tuffatore* al más allá. En todo caso, nos encontramos ante un precioso enigma que ha hecho correr ríos de tinta, nunca mejor dicho a partir del gran río egipcio, en la historia de la cultura.

Llora Adriano, el emperador viajero que había recorrido las provincias orientales de su imperio, con especial devoción por Atenas, que tanto embelleció, el Oriente helenizado y el viejo y fastuoso país del Nilo. Llora Adriano ante el cadáver de su amado y toma una decisión que marcaría la historia del arte para siempre. Quizá el emperador quisiera hacer suya la idea platónica, esbozada en el *Simposio*, de que el amor diviniza, haciéndose eco de las tendencias medioplatónicas que empezaban a convertirse en la vulgata ideológica de aquel espléndido siglo II. Que el amor hace dioses lo sabíamos desde siempre. Pero, en el caso de Antínoo, que aquel sintagma se cumpliera a fuer de literal es algo único en la historia. En efecto, después de la muerte de su amado, Adriano lo divinizó, para sorpresa e incluso escándalo de las generaciones venideras, como recuerda hermosamente Marguerite Yourcenar en sus imprescindibles *Memorias de Adriano*. Antínoo se convierte en dios porque el emperador dispuso que se le venerase con templos y estatuas, ordenando un programa iconográfico y cultual de primer orden que empieza en la ciudad que mandó fundar con su nombre, Antinópolis, a orillas del Nilo.

Así, Antínoo se convirtió en una nueva estrella del Olimpo romano. Solo hay que pensar en la cantidad y calidad de las estatuas, bustos, medallones y monedas con la imagen del joven al que, no sin razón, se le puede llamar «el último dios» o, al menos, «el último divinizado». Así lo recuerdan los autores de una monografía sobre este amor que sería ensalzado por los siglos venideros, Marta Carrasco Ferrer y Miguel Ángel Elvira Barba, que estudian sistemáticamente las imágenes del joven bitinio no sin antes esbozar su siempre fascinante historia y leyenda. Para hacernos una idea del calibre del amor divino que profesó Adriano por Antínoo solo hay que tener en cuenta un dato impresionante: que el joven es la tercera persona de la Antigüedad más representada en las estatuas, por detrás, por cierto, de los *optimi principes* Trajano y Adriano. Su efigie, en diversas adaptaciones, invadió el mundo antiguo a partir del siglo II y tuvo unos ecos inconmensurables en la historia de las ideas estéticas. Los principales museos del mundo, el Prado, los Uffizi, el Louvre, las galerías alemanas, las de Atenas y muchos más, atesoran sus hermosas representaciones.

Este recorrido por la historia de las representaciones de Antínoo en el arte, bajo el título *Antínoo. El último dios*, se puede leer a la par que las *Memorias* de Yourcenar. La de Antínoo fue una vida efímera, cuyos datos históricos conocemos, sobre todo desde que el emperador se enamoró de él: al deslumbramiento del primer encuentro en Oriente siguieron los viajes en el séquito de Adriano, hasta la llegada a Egipto, que precipitaría el final triste y a la vez sublime. Antínoo fue convertido en héroe a imagen de lo que había ocurrido antes con otro gran amado, Hefestión, el *erómenos* de Alejandro Magno, en una herencia cultural que viene de la Antigüedad, la del antiguo amor entre el maestro y el discípulo, de raigambre no solo filosófica, en Platón, sino también literaria, como en el caso de la leyenda troyana de Aquiles y Patroclo. Así hay que comprender parte de la relación evocadora de Adriano y Antínoo, en la mímesis mitómana que complementa la realidad. En la posteridad, sobre todo a partir del cristianismo, parecería un escándalo, pues entonces ya el amor divinizado era muy otro, matizado con la mística de la nueva religión. Pero no olvidemos lo que el antiguo paganismo grecorromano veía en este tipo de relación, la Afrodita Urania o celeste, ejemplo de amor sublime en el *Banquete* platónico, y en la escala mística que Diotima enseña a Sócrates. Los años que Adriano sobrevivió a Antínoo fueron los del nacimiento de su mitología, con el culto exaltado que le dedicó a lo largo y ancho del imperio, desde Grecia y Asia Menor, lugar natal de Antínoo, a Occidente, con el magnífico ejemplo de la villa de Adriano en Tívoli.

En su análisis de más de un centenar de retratos, Carrasco y Elvira, siguiendo las huellas de Winckelmann o Hekler, entre otros historiadores del arte, buscan el ideal de Antínoo a través de los muchos retratos e imágenes de su culto a partir de un «tipo principal» o *Urantinoos* que se va deslindando en tipos secundarios. Todo parte de una estatua de cuerpo entero de un artista anónimo que seguramente sedujo a Adriano: es una imagen de formas apolíneas, pero más carnales, que denota una fusión interesante con el dionisismo. Luego se pasa a los bustos del modelo canónico, que van avanzando a lo largo y ancho del imperio. La evolución de Antínoo me parece, en la historia de las ideas estéticas, el desarrollo de cómo el ideal se hizo carne.

Luego, en diversos capítulos, se estudia cómo Antínoo se reviste con los atributos de dioses y cómo, con especial predilección, entró a formar parte del ciclo de Dioniso, con modelos y variantes peculiares de un Antínoo-Dioniso-Osiris. Estas imágenes asocian la apoteosis cultual del joven con la de Osiris, de muerte y perspectiva más halagüeña para el más allá, pero también al par de hermanos Apolo y Dioniso, con los que se relaciona el amor a lo divino en la obra platónica. Entre ellas destacan, quizá por su vinculación con Egipto, las que representan al joven con tocado egipcio, como faraón inmortal en el más allá, y las dionisíacas, con pámpanos, hiedra y nébrides. Otras vertientes más minoritarias, como el llamado «tipo Mondragone», nos llevan a recorrer los diversos museos del mundo hasta llegar también a Madrid, gracias a la colección de Cristina de Suecia. Como anécdota, una réplica de una estatua de Antínoo presidía uno de los flancos del estanque del parque del Buen Retiro.

En los retratos de Antínoo se ve cómo el arte de los antiguos se elevaba en un ideal espléndido a través del rostro melancólico y de unos ojos que tendían su mirada más allá de la experiencia: nada lejos de los retratos egipcios de El Fayum, los que sin duda inspiraron a Plotino su renovación del arte como vía mística en el neoplatonismo, retratos de muertos que nos miran enigmáticamente desde ese siglo II de revolución en las artes. Las estatuas de Antínoo, en su pose melancólica, con su mirada desviada hacia un lado en una mezcla inasible de pudor y fascinación, quedarían para siempre asociadas a este periodo de la historia. Cómo no evocar, para terminar, los sentidos versos de Adriano en el más famoso y último de sus poemas *Animula, vagula, blandula…*: «Almita vagabunda y seductora, / huésped y compañera del cuerpo, / ¿hacia qué lugares partes ahora? / Pálida, rígida, desnudita, / ¿no me harás ya las bromas que solías?».

Sexo y poder en la antigua Roma

En la fantástica serie *House of Cards*, el presidente de Estados Unidos Francis Underwood, a quien da vida el rehabilitado actor Kevin Spacey, pronuncia una estupenda cita apócrifa, atribuida a veces a Oscar Wilde y otras a Freud: «Todo gira en torno al sexo menos el sexo: el sexo gira en torno al poder». A Freud, por cierto, le debemos el estudio de la omnipresencia de la pulsión sexual en el ser humano. Eros —junto a Tánatos— aparece de forma ineludible. Los padres del psicoanálisis están un tanto desfasados hoy, pero fueron pioneros de los estudios de sexualidad y género del «animal político» por excelencia. Pero, además, gracias a Freud y Jung pronto tuvimos esta otra perspectiva sobre la Antigüedad: Freud era amante de las excavaciones minoicas, con un fondo de pasión dionisíaca que le hizo enterrarse en una vasija dedicada al dios del éxtasis, mientras que Jung buscaba obsesivamente en los viejos mitos griegos los arquetipos de la madre y la virgen, que luego vería también en María cuando se oficializó el dogma de la Asunción. Ellos abren el estudio de la sexualidad y sus filias y parafilias en el mundo antiguo. Tampoco el psicoanálisis descubría nada nuevo: los clásicos eran muy conscientes de esta interacción entre sexo y poder. Recordamos dos ejemplos célebres y casi por antonomasia en Roma: el de Mesalina, la esposa del emperador Claudio, arquetipo de la mujer sexualmente insaciable y sin escrúpulos políticos, y el del citado Antínoo, el amante del emperador Adriano, y su extraño suicidio, acaso entre intrigas cortesanas. Ambos son ampliamente glosados en la Antigüedad con todo tipo de interpretaciones, como se ha visto.

Siempre nos ha fascinado la omnipresencia sociopolítica del sexo en la Antigüedad: falos colgados como amuletos, iconografía erotizante en las artes, literatura procaz, persecuciones de sátiros a ninfas, etc. Es un mundo en el que el sexo no parece censurado por los complejos cristianos, sino tremendamente libre. Era un secreto a voces en la arqueología y en las fuentes literarias desde hacía años. Los filólogos clásicos decimonónicos, muy pacatos ellos, traducían al deslenguado Catulo o a la «musa de los muchachos» griegos mediante eufemismos o lagunas. Se puede echar un vistazo, si no, a la traducción de Catulo de nuestro Martínez de la Rosa. A la vez, los arqueólogos corrían un tupido velo sobre las obscenas cerámicas griegas, los frescos y grafitos pompeyanos, para los que se creó el famoso «gabinete secreto» para el disfrute de reyes y nobles. Pero esta sexualidad tan «libre», por supuesto, no estaba exenta de problemas ni de regulación sociopolítica. Sabemos desde Foucault que el sexo es poder y que el poder controla los cuerpos, en dormitorios privados, cárceles, manicomios, e incluso en los lechos de los políticos, antiguos o modernos.

Habrá que esperar hasta la década de los sesenta y setenta para que, sobre todo después del emblemático libro *Diosas, rameras, esposas y esclavas*, de Sarah Pomeroy, se abra también la perspectiva feminista, que no aparece en lo antiguo. Los papeles sexuales en la sociedad son claves para entender el mundo antiguo, como estudiaron autoras como Froma Zeitlin o Eva Cantarella, que proporcionaron una relectura en clave feminista de la Antigüedad. Hoy se está haciendo un trabajo ejemplar a la hora de reevaluar la sexualidad en las antiguas Grecia y Roma, tan cerca y tan lejos de nosotros. Por un lado, son nuestros modelos y pioneros; por otro, muestran conductas tremendas, por ejemplo en cuanto a la situación de las mujeres.

Los estudios dedicados a la historia antigua se han ido renovando desde la primera ola del feminismo, en la década de los años setenta del siglo pasado, hasta la actual perspectiva de género. En efecto, la publicación pionera de la citada Sarah Pomeroy en 1975 —el primer gran libro de una clasicista sobre las mujeres en la Antigüedad—, un número especial de la revista *Arethusa* titulado «Women in the Ancient World» (1984) y *L'ambiguo malanno. Condizione e immagine della donna nell'antichità greca e romana*, de Eva Cantarella (1981), abrieron esta necesaria vía, en la estela de Beauvoir, de la historia de la sexualidad de Foucault y de las aproximaciones antropológicas y psicológicas subsiguientes. Desde los años noventa se desarrolló un importante trabajo de comparación de las construcciones sexuales de esa Antigüedad que siempre había tenido carácter modélico con la norma imperante en las sociedades modernas en estudios como los de Nancy Rabinowitz y Amy Richlin, *Feminist Theory and the Classics* (1993), Froma Zeitlin, *Playing the Other. Gender and Society in Classical Greek Literature* (1995) o Barbara McManus, *Classics and Feminism* (1997). Con la llegada del nuevo siglo, la nueva oleada feminista ha producido obras como la colectiva de Laura McClure, *Sexuality and Gender in the Classical World* (2002) o la colección de habla alemana *Iphis. Beiträge zur altertumswissenschaftlichen Genderforschung*, introducida por el volumen de Barbara Feichtinger y Georg Wöhrle, *Gender studies in den Altertumswissenschaften* (2002). A eso se suma, a raíz de la serie de casos de acoso conocida como #MeToo, la intensa discusión pública acerca de los relatos de la literatura clásica sobre violencia contra mujeres, especialmente todos los llamados «raptos» de la mitología grecorromana, desde el de Perséfone al de las Sabinas. En suma, hoy es imposible subestimar las perspectivas de historia de las mujeres, feminismo y género en ciencias de la Antigüedad. Al hilo de otras tendencias, desde la microhistoria a la *history from below*, se ha querido trazar la peripecia histórica de grupos normalmente dejados de lado en la gran historia evenemencial, política y de instituciones. En el caso de las mujeres, salvo notables excepciones (Hatshepsut, Aspasia, Livia, Zenobia, Teodora...), la historia antigua nos ha hurtado tradicionalmente sus voces.

También en la cultura académica española ha cundido esta aproximación, desde el punto de vista filológico e histórico-social. Uno de los aspectos más interesantes es la imagen de la mujer en las fuentes literarias, como estudió de forma pionera Carlos García Gual en *Audacias femeninas* (1991). Otras investigaciones muy notables en este campo, de índole pionera, son las de Ana Iriarte, cuyo libro *Las redes del enigma* (1991) abrió la vía de los estudios de historia de las mujeres en nuestro país, con obras posteriores como *De Amazonas a ciudadanos. Pretexto ginecocrático y patriarcado en la antigua Grecia* (2002) y, últimamente, *Feminidades y convivencia política en la antigua Grecia* (2020). Tenemos la fortuna de haber contado entre nosotros con una escuela de estudiosos del mundo clásico en historia antigua, filología clásica y arqueología que ha trabajado especialmente sobre estos temas. Por ejemplo, el Grupo Barbaricum, del Departamento de Historia Antigua de la Universidad Complutense de Madrid, bajo la dirección de Rosa Sanz, se ha dedicado al estudio de las mujeres en la Antigüedad. Aparte de organizar un ciclo anual de conferencias en el Museo de San Isidro de Madrid dedicado a la historia de las mujeres y su sexualidad, ha publicado espléndidos libros colectivos como *Eros Imperat. Poder y deseo en la Antigüedad* (2020). En la historia de las mujeres de la Antigüedad en España hay que mencionar los importantes trabajos de Rosa Cid y Susana Reboreda; en una generación más joven, son importantes los de Patricia González Gutiérrez, que pertenece al citado Grupo Barbaricum. Un ejemplo de aplicación de los estudios de género a la historia antigua es el trabajo de esta autora, con libros como *Soror. Mujeres en Roma*, un estudio actualizado y de amplia mirada que toma el pulso a la visibilidad e invisibilidad de la mujer en la antigua Roma. Para los lectores actuales, el estudio de la historia según los parámetros del sexo y del género, en busca del no lugar femenino en el sistema romano y de las narrativas de la mujer en la religión, la maternidad, la educación, la política y las artes, resulta fascinante. También destaca otro libro de González Gutiérrez, titulado *Cunnus. Sexo y poder en Roma*, más militante si cabe, que proporciona una interesante aproximación a esta cuestión tan atractiva desde la mirada feminista, alternativa a la imperante hasta hace poco, y que ayuda a abrir los ojos a diversos problemas hasta ahora no tan frecuentemente abordados. Otras figuras más transversales han llamado la atención del gran público sobre esta aproximación, como sucede con la clasicista Mary Beard, a través de sus libros e intervenciones en los medios de comunicación de masas.

Podremos entender mejor nuestro mundo, heredero de Roma, si recorremos la polifonía de fuentes históricas, literarias o iconográficas sobre las mujeres romanas. Son algunas propuestas muy atractivas para estudiar, desde una mirada actual, la relación de «sexo y poder» en la Antigüedad, un tema apasionante que puede releerse desde las modernas teorías historiográficas. En todo caso, es evidente que el sexo y la política están tan relacionados hoy como ayer, desde el Palatino al Despacho Oval, tanto si pensamos en Mesalina o Antínoo como en Bill Clinton o el #MeToo.

La santa ebriedad: el don de Dioniso y la civilización

El relato historiográfico tradicional que fecha el nacimiento de la agricultura en torno al 8000 a. C. sitúa un par de milenios más tarde la elaboración de las primeras bebidas alcohólicas. Pero la investigación arroja nuevas pistas: un ancestro del *sapiens*, común a otros primates, desarrolló hace diez millones de años la mutación en una enzima que permitió metabolizar el etanol. Parece que la embriaguez pudo representar una ventaja adaptativa para los primeros homínidos. En la prehistoria hay pruebas arqueológicas de producción de alcohol en China y Georgia que se remontan a entre el décimo y el octavo milenio a. C. En el mundo antiguo, las filosofías de Oriente y Occidente, así como el pensamiento expresado en la poesía clásica —china, griega o árabe—, elogian sin cesar el vino como metáfora de conocimiento, progreso y bienestar. ¿Por qué nos emborrachamos? Edward Slingerland, filósofo y sinólogo especialista en pensamiento chino clásico, intenta dar respuesta a esta pregunta, entre las fuentes históricas y las literarias, en una obra, *Borrachos. Cómo bebimos, bailamos y tropezamos en nuestro camino hacia la civilización*. Para indagar en la importancia de la embriaguez de ayer a hoy se remonta a notables antigüedades, históricas y prehistóricas, combinadas con datos científicos de la evolución cognitiva del ser humano y de la investigación actual, psicológica y sociológica. El resultado es apasionante.

La búsqueda del éxtasis etílico, combinado con el sexual o el social, desempeña un importante papel en la evolución. Casi se podría decir, parafraseando a Slingerland, que somos «simios en busca de embriaguez». Desde hace milenios se enlaza no solo el origen de la civilización, sino su propio desarrollo, a la bebida, la embriaguez y la búsqueda del placer de manera no solamente hedonista —más allá de los instintos básicos de la reproducción—, sino más bien epicúrea. Mucho tiene que ver con el desarrollo de nuestras sociedades complejas, el nacimiento de las religiones, el pensamiento abstracto, el arte y la ciencia. Huelga mencionar la importancia del soma sagrado en los Vedas, del vino de Dioniso o de Cristo y, de las metáforas de la divina embriaguez en Platón, Ibn Arabi o santa Teresa. *In vino veritas.*

En medio de este panorama, por supuesto, destaca el gran dios Dioniso, el Baco romano. Sin duda, era el más importante de todos los dioses en la Antigüedad clásica, por su especial interacción con los seres humanos. Y es la divinidad que hoy se nos antoja más interesante para comprender la historia social y cultural de la antigua religión grecorromana, como el dios que, en cierto modo, acercaba a los hombres a la categoría divina, ya fuera mediante un proceso de deificación temporal o a través de sus renombrados misterios. Su culto, sin embargo, va más allá de la mera embriaguez: en uno de sus mitos parece claro que lo que hacen los creyentes es ingerir al dios, beber su sangre en forma de vino, una suerte de «teofagia» sacra que se atestigua en mitos y ritos muy diversos. En ocasiones se ha estudiado en relación con los llamados enteógenos, en libros como el de González Wagner *Las drogas sagradas en la Antigüedad.*

La antropología victoriana ha comparado la embriaguez colectiva que encarna el baile extático y los ritos grupales de los seguidores de Dioniso en la Antigüedad —sobre todo desde la llamada «escuela de ritualistas de Cambridge», como J. Harrison y G. Murray, pero especialmente desde el genial libro de E. R. Dodds *Los griegos y lo irracional* (1951)— con experiencias de trance colectivo de otras épocas, desde el Medievo a la religión de diversos pueblos del llamado mundo «primitivo». Superada ya la añeja tesis de E. Rohde (1893) sobre la procedencia no griega de las bacanales y del menadismo, los componentes extáticos del culto de Dioniso en Grecia se dan por autóctonos. La consideración de estos como meros mitos, propia del enfoque positivista del siglo XIX, también ha quedado atrás. Se decía que el menadismo recogía una representación mítica en la literatura y el arte, en Eurípides y en los vasos griegos, más que una realidad histórica. Esta hipótesis partía de la base de que hay dos ámbitos diferentes, es decir, mito y realidad, fantasía y verdad histórica, en la llamada religión griega, una idea que está en la base de la clasificación positivista de las fuentes literarias acerca de las bacanales. Desde entonces se ha avanzado mucho, no solo desde la antropología, la historia de las religiones y la filología clásica, sino también desde el punto de vista arqueológico y de la cultura material.

Es interesante considerar cómo el culto extático del embriagador Dioniso se extiende no solo en el mundo griego, sino también en el romano, a la hora de interpretar los matices del dionisismo en su *longue durée*. Es difícil subestimar el impacto cultural del dionisismo en Grecia y Roma desde los orígenes hasta la época imperial tardía. Pero mientras que otros dioses y héroes griegos —pienso en Apolo o en Heracles— tuvieron una pacífica transición al imaginario religioso y las prácticas rituales romanas, la inserción del dionisismo en la cultura romana fue traumática desde el escandaloso asunto de las bacanales de 186 a. C., duramente reprimido por el Estado romano. Pedro Ángel Fernández Vega proporciona un excelente repaso al respecto en el libro *Bacanales: el mito, el sexo y la caza de brujas*. La embriaguez dionisíaca se consideró una amenaza para la seguridad del Estado; se nombró una comisión de investigación y se incoaron diversos procesos legales. El Senado decretó la supresión oficial del culto en toda Italia, salvo en ciertas circunstancias, e impuso la pena capital para los instigadores de las bacanales. Tito Livio, en tiempos de Augusto, retoma el tema con una agenda historiográfica y literaria distinta. El escándalo se resolvió en este célebre decreto que reguló el culto limitando el número de participantes en los ritos. Es un episodio clave para analizar la perspectiva sociopolítica de un dios del que, demasiado a menudo, se dijo que era «apolítico». No lo era, desde luego, en las *poleis* griegas, contra la opinión de H. Jeanmaire (*Dionysos: histoire du culte de Bacchus*, 1951), pues tenía una clara inserción en el discurso cívico, por ejemplo, de Atenas, a través del teatro. Ni tampoco lo fue en Roma, sino que admite una lectura acaso «revolucionaria» que se observa en la lectura marxista que se ha hecho desde la historiografía del siglo XX de este episodio y también de la vertiente popular del dionisismo, ya desde la época de las tiranías griegas, como estudió Dabdab Trabulsi. En cualquier caso, en cuanto a la embriaguez, Dioniso es interesante como una sublimación de lo excepcional fuera de la *polis*, como paréntesis de caos regulado, imprescindible para que exista el orden. Estaba claro que el trasfondo ritual del menadismo histórico y de las bacanales se centraba en la problematización del papel social de la mujer como sacerdotisa fuera de la ciudad. Es un asunto relevante en el campo de los estudios de género.

No obstante, volviendo al comienzo, ¿por qué nos gusta la embriaguez? El relato amplio, entre Oriente y Occidente, que propone el ya citado libro de Slingerland pasa de las pruebas químicas de uvas de vino en los albores de la humanidad, mucho antes de la revolución neolítica, a una interesante reflexión sobre los beneficios evolutivos y las posibles razones genéticas para la búsqueda de la borrachera. Desde la prehistoria al Medievo, se examinan sociedades «alcoholizadas», como los germanos y los vikingos, cuyo *aesir* supremo era Odín, no en vano dios de la embriaguez. En un segundo paso se exploran las consecuencias culturales de la embriaguez en la creatividad: la poesía etílica desde Anacreonte a Omar Jayam y las artes plásticas desde las rupestres hasta las vanguardias se relacionan con la ingesta de elementos psicoactivos. En el trasfondo, causas psicológicas profundas hablan de la mejora en niveles de comunicación y cooperación del *sapiens* gracias a estos medios. Para el artista, hablando nietzscheanamente, la idea de superar el yo y fundirse en la comunidad vitalista o recuperar la «mentalidad infantil» es fundamental: es alzar el velo de la «maya» hinduista para, como quiere el autor, «dejar la puerta abierta a Dioniso». Si seguimos los fascinantes pasos de Dioniso en la modernidad, hasta llegar a Nietzsche y los psicoanalistas, se explica el éxtasis como un aspecto clave de la civilización. Las musas de la creatividad, la religiosidad o la sociabilidad suelen ser extáticas o chamánicas, y en ocasiones han reclamado consumos intoxicantes. Slingerland lo muestra en la poesía china antigua: el vino es una metáfora también para la buena política. Como se observa en algunos textos chinos del siglo IV a. C., cualquier acuerdo político implicaba bebida.

Y es que la embriaguez es un medio social colaborativo, desde la ciudad preneolítica de Göbekli Tepe a las modernas cenas de empresa navideñas. Al final, se exponen los puntos de vista modernos de sociólogos o psicólogos: la embriaguez es clave para la sociabilidad cooperativa. En la época de las redes sociales, las videollamadas no han acabado con los viajes de negocios, y tras la pandemia volvemos a los congresos presenciales con un «vino español». Los psicólogos estudian por qué nos fiamos más de personas en ambientes relajados y entre copas, no solo para el establecimiento de contacto social, sexual o lúdico, sino para establecer confianza en el mundo empresarial. Para concluir, hay que hablar también del «lado oscuro de Dioniso». El problema del alcoholismo suele ser sinónimo de aislamiento social. Se contraponen dos modelos: el de la tradición de la bebida en comunidad —desde el simposio griego al moderado consumo alcohólico en las fiestas familiares de los países actuales del sur de Europa— y el de las sociedades del norte y del este, donde «se bebe solo». Con estudios y estadísticas se puede mostrar la situación actual del alcoholismo y cómo se puede continuar «viviendo con Dioniso» a la moderada manera tradicional, como hacen, siguiendo esta senda social y cultural, las sociedades de la Europa meridional que Slingerland pone de ejemplo. Es curioso estudiar el fracaso de los intentos de prohibición, desde el islam al comunismo, la «ley seca», o hasta lo que predican los mormones u otros movimientos abstemios. No hay aquí apología del alcohol, sino constatación de que la civilización se asienta desde antiguo sobre la amistad, el amor y el vino, como le ocurre al salvaje Enkidu en el poema de Gilgamesh. Vino y civilización, una ecuación perfecta al menos desde el Antiguo Oriente. Recordemos, para terminar, las palabras con que se inicia la andadura de Cristo en los Evangelios: «No tienen vino».

Mito e historia en torno a las pintoras griegas

En la Antigüedad griega encontramos diversas leyendas acerca del nacimiento de la pintura, siglos antes de las *Vidas de los más excelentes arquitectos, pintores y escultores italianos*, de Giorgio Vasari, que nos evocan un mundo muy diferente al de los artistas divinos del Renacimiento. La pintura se consideraba más bien una artesanía y no provocaba en los filósofos de la Antigüedad clásica, desde Platón y Aristóteles, demasiada pasión ni entusiasmo. Para Platón se trataba de una mala mímesis: si nuestro mundo sensible no era sino una imitación de aquel prestigioso mundo de las ideas, el inteligible, no tenía mucho valor hacer la «copia de una copia», como dirá siglos más tarde el neoplatónico Plotino. Pero lo más interesante acaso, desde la perspectiva actual de la historia de las mujeres, es que hubo una nutrida nómina de pintoras y que, además, la invención de la pintura se debía, según algunas noticias que transmiten Plinio el Viejo y Atenágoras, a una mujer. La causa primera fue el enamoramiento de una joven. Veamos lo que dice Plinio en su *Historia natural*: «Butades de Sición, ceramista de arcilla, fue el primero que inventó en Corinto el arte de hacer retratos con arcilla, que hasta hoy es utilizado. Sin embargo, es gracias a su hija, y al amor con un joven que partía a un lejano viaje, pues dibujó los contornos de las líneas, en la sombra de su rostro proyectado en una pared por la luz de una lámpara. Luego el padre aplicó arcilla en las líneas, e hizo un modelo que luego puso al fuego con otras cosas de cerámica. Se ha informado de que estas primeras obras se guardaban en el ninfeo hasta la destrucción de Corinto por Mummio». La anécdota se remonta presuntamente nada menos que hasta el siglo VII a. C., a la edad de las tiranías de la Grecia arcaica.

Así pues, para Plinio la pintura nació como una técnica inventada precisamente por una mujer. Y no es de extrañar, pues también a las mujeres estaban destinadas otras artes que entonces eran menores, pero que luego se han convertido en las artes plásticas por excelencia: con excepción de la escultura, no cultivada por las mujeres en la Antigüedad, la historia de la pintura antigua es la de una invención femenina. De hecho, se conservan varias noticias sobre una serie de legendarias pintoras de cuyas obras queda muy poco rastro y que apenas son nombres para nosotros. Los historiadores del arte Marta Carrasco y Miguel Ángel Elvira indagan en este asunto en el libro *Mujeres artistas de la antigua Grecia*, que propone un interesante recorrido por los testimonios de la creatividad artística femenina en la antigua Grecia, desde el arte del bordado y el tapiz hasta la pintura, tanto sobre cerámica como sobre tabla o fresco. La evocación de los orígenes de la pintura y de la figuración sobre tela como un arte eminentemente femenino, bajo los auspicios de la diosa Atenea, acompaña al recorrido de los autores, a partir de las fuentes literarias grecolatinas, sobre todo, y también en una indagación que recoge diversas fuentes iconográficas sobre las mujeres artistas y sus obras.

Desde la Antigüedad, la creatividad artística femenina ha estado vinculada a unas artes más que otras; por ejemplo, se ha asociado especialmente a la pintura y al telar. Merece la pena abordar el análisis de las artistas, de ecos escasamente conservados pero muy relevantes, que, en cierto modo, marcan la tradición de la historia de la pintura antigua. Las primeras artistas a las que se puede hacer mención aparecen ya en los poemas homéricos: son las tejedoras de tapices, muchas veces simbólicos y alusivos. Hay que recordar cómo en la *Odisea*, al llegar a la isla de los feacios, Ulises es recibido en un palacio magnífico en el que hay mujeres fabricando lienzos. Se utiliza también, para ejemplificar a las tejedoras, a la propia Penélope, esposa de Ulises, con su argucia regio-política del tapiz que la ayuda a ganar tiempo ante los pretendientes. El tejido y el arte de realizar hermosos tapices era patrocinio de Atenea, a la sazón diosa de la política, de donde procede, de hecho, una de las más antiguas metáforas para el ejercicio de la política. El tejido como arte del gobierno, y específicamente del modo de gobierno democrático de la antigua Atenas, se ve en *Lisístrata*, de Aristófanes, o en el *Político*, de Platón. No solo las feacias o Penélope aparecen en el libro, hay otros mitos de tejedoras de lienzos muy diversos, desde Aracne y Perséfone hasta el terrible mito de Procne y Filomela, que simbolizan bien el prestigio femenino de estas telas y bordados con variadas figuraciones, como el mito de Ariadna en Catulo o las alusiones en Filóstrato, frente a las *ekphraseis* o descripciones de otras obras de arte en la épica, como los escudos de Aquiles o Eneas en Homero y Virgilio, que evocan las artes eminentemente masculinas de la forja.

En la historia de las pintoras helénicas, desde sus orígenes legendarios, merece especial atención el caso ya citado de la joven Corintia y el de las mujeres que aparecen en Plinio como una suerte de «canon» de las seis pintoras griegas: Timarete, Irene, Calipso, Aristarete, Laya y Olimpiade. A estas pintoras suman los autores dos más, de entre las que merece la pena destacar a Elena la egipcia, a la que hay quien atribuye un cuadro que puede haber tenido una honda repercusión en la historia del arte antiguo: la *Batalla de Iso*, en honor al combate que mantuvo Alejandro contra los persas de Darío III, que se dice que fue encargado por Ptolomeo I y que luego pasaría a Roma para exhibirse en el templo de la Paz. Hay quien piensa que este cuadro sirvió de modelo al famoso mosaico de Alejandro descubierto en Pompeya y que hoy puede verse en el Museo Arqueológico de Nápoles. Pero es solo una sugerente hipótesis que atribuye nada menos que a esta pintora el más célebre modelo pictórico helenístico del arte antiguo. También se cita a Irene de Atenas como pintora relacionada con el mundo de la comedia: parece que el padre de Irene era pintor y se llamaba Cratino, aunque otros afirman que este nombre corresponde al autor de comedia homónimo. Es sintomático que muchas de estas pintoras pertenezcan a una familia de artistas, como sucede, por cierto, en ciertas escuelas filosóficas, como la platónica, en la que la sucesión en las cátedras también hace partícipes a las mujeres, sobre todo en la edad tardía, de la herencia del saber relacionado con sus padres, hermanos o hijos (así pasa con la famosa Hipatia o con Sosipatra).

En este sentido, fue importante la escuela pictórica de Sición, a la que pertenecen algunas de las pintoras mencionadas por Plinio, muchas de época helenística, lo que da fe de la vivacidad artística de la citada ciudad. En fin, otras anónimas pintoras que se abordan en el libro son también aquellas que aparecen pintadas a su vez: se ve en algunas pinturas murales pompeyanas, que reflejan a las mujeres en el acto de pintar, como un fantástico fresco que se encuentra también hoy en el Museo Arqueológico de Nápoles. La pintura femenina ya es aquí, en cierto modo, metapintura y muestra que, por excelencia, era un arte con nombre femenino y hecho por mujeres, según recogen diversos testimonios. El epílogo de este magnífico libro nos lleva casi a las puertas del Renacimiento —anticipo de Vasari en versión femenina— cuando alude a la recepción de esta tradición de las mujeres artistas por parte de Boccaccio, que abre las puertas del humanismo más refinado y la reivindicación de las ilustres féminas. Es sabido que, a partir de los siglos XII y XIII, con el culto mariano, el amor cortés y el *revival* ovidiano de las *Heroidas*, cartas de heroínas mitológicas, la literatura medieval abunda en catálogos de mujeres magníficas, desde la poesía inglesa de Chaucer con *La leyenda de las buenas mujeres* hasta el prerrenacentista Boccaccio y sus *Mujeres ilustres*. Con él concluye este estudio digno de elogio que propone una suerte de resurrección de las mujeres artistas de la Antigüedad, que hoy tiene todo el sentido en el proceso de recuperación de los nombres y figuras que han quedado olvidados durante siglos y que poco a poco van saliendo a la luz.

El *limes* romano, origen de nuestro concepto de frontera

En la edad de las crisis migratorias y los diversos muros que se han construido, desde Ceuta a El Paso, en los puntos calientes de las rutas clandestinas de tráfico de seres humanos, se puede echar un vistazo al *limes* romano y su experiencia histórica. Los romanos supieron crear un sistema defensivo que, desde la época del Principado, mantuvo a raya a los posibles invasores en lugares como el Rin, el Danubio, el sur de Egipto, el Oriente y Mesopotamia. Pero, a partir del siglo II, algo comenzó a cambiar, con la presión de diversos pueblos que venían de las estepas y del norte de Europa.

En invierno del año 171 de nuestra era, el emperador era Marco Aurelio, que se había desplazado con sus tropas a los límites del imperio, en las inmediaciones de la actual Viena. Instalado en un campamento a orillas del Danubio, dirigía una campaña contra los pueblos del *barbaricum* que se desarrollaba en un ambiente duro y hostil, entre barro, nieve e incursiones sangrientas a uno y otro lado. Cuando el emperador estoico podía tomarse un respiro, se refugiaba en su escritorio portátil para redactar una suerte de diálogo consigo mismo, que hoy conocemos como las *Meditaciones*. La vida en el *limes*, en el límite de la civilización romana, era durísima, incluso para un emperador.

Las fronteras del imperio en su larga duración, desde el Principado al Dominado, se extendían por muchos miles de kilómetros en tierras inhóspitas, ríos o lagos, territorios de nadie y páramos desolados y hostiles que solían coincidir con grandes fronteras naturales: por ejemplo, el Rin o el Danubio, en el caso de las fronteras del norte, pero también los grandes desiertos de la Tebaida, al sur de Egipto —terreno siempre peligroso por las incursiones de los blemios—, o las tierras de nadie del Cáucaso, entre la Cólquide y la Iberia oriental, por no hablar de los yermos colindantes con Persia o Arabia y otros lugares. Entre las fronteras más duras y más difíciles de guardar estuvo precisamente el *limes* de la Britania romana, donde no había ningún elemento geográfico que sirviera de transición, sino suaves colinas de las Tierras Altas, fácilmente franqueables por las hordas del norte.

Allende el *limes* britano-caledonio moraban pueblos proverbialmente belicosos, más allá de su leyenda, como los terribles pictos, guerreros tatuados de la actual Escocia que representaban el epítome de la barbarie para los romanos. Las legiones estaban aterrorizadas ante la legendaria fiereza de algunas de estas tribus del norte de Europa, de raigambre germánica o céltica, que según sus mitos contaban con guerreros frenéticos capaces de transformarse en auténticas bestias inhumanas. Así eran los famosos *berserkers* nórdicos, que entraban en éxtasis guerrero y sanguinario, tal y como retrata la mitología germánica. Es curioso que el Hades nórdico, llamado Hel y regido por una diosa medio cadáver del mismo nombre, fuera solo para los muertos de enfermedades o vejez, mientras que a los guerreros extáticos y gloriosos les esperaba el Valhalla. Algo muy semejante le pasaba al héroe céltico por excelencia, el gran Cúchulainn, el «Aquiles irlandés»: cuando lo poseía el furor guerrero se transformaba en una especie de bestia de facciones irreconocibles.

En suma, el terror que inspiraban estos pueblos del norte, con sus fierezas, tatuajes y pinturas, hizo construir grandes fronteras y empalizadas a lo largo de los bosques germanos y célticos, también en las tierras de nadie de las Highlands escocesas. Ahí encontramos algunos de los primeros grandes monumentos defensivos de la Antigüedad que anticipan con mucho la pasión humana por construir grandes murallas, desde China a Berlín, para defenderse del otro. Sin duda, el muro más famoso de la Antigüedad romana era el de Adriano, erigido precisamente como baluarte defensivo contra estos legendarios guerreros del norte. Los soldados destinados a estas inhóspitas regiones fronterizas tenían mucho que agradecer a tales sistemas defensivos. Sabemos que Britania estuvo en el punto del interés de Roma ya desde antes de la era común, con las campañas de Julio César en las Galias; las incursiones en la próspera isla muestran que deseaban hacerse con dichas tierras. Pero, acaso en esa época, pese a los contactos y escarceos militares, Roma todavía no estaba preparada para lanzar una invasión en toda regla, lo que sucede posteriormente, con Claudio en el poder. Recordemos que el historiador Tácito, uno de los romanos que mejor conocieron a los llamados bárbaros, evoca en su obra *Agrícola*, dedicada a su suegro, este mundo de la Britania romana. En el sur de la isla se desarrollará una estupenda sociedad con todos los avances de la romanidad, como prueban las termas y las construcciones de Bath o Londinium. Tácito también nos advierte de la dureza de los terrenos de allende el *limes* en su otra obra etnográfica, la *Germania*.

Sin duda, era muy diferente estar destinado en Londinium, que poco a poco comenzaba a ser una capital romana, o en

Lutecia, la posterior París, que estarlo en el muro que mandó edificar el emperador Adriano o en el límite del Rin o del Danubio. Trajano y Adriano, los *optimi principes*, legendarios soberanos, eficaces y prósperos, procedentes de la culta y sofisticada Bética, se ocuparon, especialmente en un periodo de esplendor y máxima extensión del imperio, de consolidar sus fronteras invirtiendo en la fortificación de los límites. Así, Trajano, por un lado, los fijó en el Danubio dacio, mientras que Adriano puso su atención en Britania. Y es que allí, donde estaban los límites del mundo conocido, se edificó esta impresionante construcción, la muralla que separaba la civilización de la barbarie. En el *limes* se vivía muy mal, era muy complicado guardar esta frontera entre lluvia y barro, con las frecuentes *razzias* de los pueblos del otro lado, caledonios o pictos.

Este muro de Adriano, tan célebre en nuestra historia romana, lo estudia Adrian Goldsworthy como gran símbolo de las construcciones militares romanas, de forma gráfica, en *El muro de Adriano. Confín del Imperio*. Desde luego que no era una vida fácil la de los destinados a este lugar. A lo largo de sus 118 kilómetros los sillares de este muro atraviesan el norte de la isla de Gran Bretaña —entre Solway y el estuario del río Tyne— y separaban a los romanos de los bárbaros del norte. La del muro de Adriano es una historia apasionante; se trata de uno de los lugares más emblemáticos de Britania en la que, no por casualidad, constituye la construcción romana más grande que se conserva en el mundo. La historia de este lejano extremo del imperio nos hace reflexionar sobre la fragilidad de la civilización, el contacto entre culturas, la vida cotidiana, las comunicaciones, las cartas, los soldados, los civiles, los de un lado y los de otro, y la manera en la que se habitaba en este lugar, donde estaba realmente la correa transmisora de la civilización. No por casualidad, los lugares de frontera son aquellos donde quizá haya avanzado más la cultura a través de la mezcla y el contacto, aunque, obviamente, no han estado exentos de problemas. Comercio, guerra, traducción, imitaciones en el arte y la literatura, etc., todo esto tiene mucho que ver con la vida en la frontera, que ayuda a comprender mejor el caso de Britania.

Sin embargo, hay que recordar que la frontera del imperio —como sucede con las de hoy— nunca fue totalmente terrible ni estanca, sino que aquellas tierras de nadie en torno al *limes* generaron una interesante sociedad fronteriza, así como cierta belleza y fascinación por la «tierra de nadie»: arte, literatura, y civilización —vino y aceite de oliva del mundo romano—, junto con otras riquezas, cruzaban por ahí. A menudo, los pueblos del otro lado de la muralla comerciaban con la civilización romana, aprendían de ella lenguas y estilos artísticos, imitando a sus admirados enemigos del otro lado. Es apasionante, por ejemplo, seguir las evoluciones del arte de las fronteras de Roma y el sincretismo con las divinidades locales, que da lugar a un nuevo idioma estético. El *limes*, en fin, era belleza en cuanto al paisaje, como se ve en el que rodea al muro de Adriano, objeto de recreaciones pictóricas, literarias o cinematográficas.

Cuando los romanos perdieron el control de las Islas Británicas en el siglo V, dejándolas a merced de los nuevos invasores de más allá del mar del Norte, el muro permaneció como una reliquia de los años de esplendor de la Britania romana y como testimonio mítico de los siglos que habrían de llegar, anticipando la fusión del mundo britano-romano con el de los pueblos del norte, de los sajones y de los celtas, en una amalgama que engendraría mitos imperecederos como los de Arturo y sus nobles caballeros, sobre los que posteriormente se fundamentaría la cultura inglesa. El muro ha quedado como mudo testigo de la historia. Recuerda, como otras murallas erigidas para protegerse de los extranjeros, desde la antigua China hasta el muro de Trump, cuán vano acaba siendo todo empeño de detener la presión de los flujos migratorios en la historia.

La violencia y los orígenes del Estado

Quiere uno de los mitos más arraigados en nuestra filosofía de la historia —y aún diría en la propia historia e ideología de nuestra modernidad tardía, al menos desde la Ilustración a esta parte— que provengamos de sociedades pacíficas en un origen, de una suerte de edén social y político, la edad de oro de los cazadores-recolectores que, antes del surgimiento de las primeras ciudades, con la revolución del Neolítico, eran comunidades idílicas, muchas veces matriarcales, pacíficas y bien avenidas. En el camino de la evolución del ser humano, han sido varias las revoluciones que se han sucedido, desde la aparición del lenguaje, con la revolución cognitiva —que implicó también, como vio bien Yuval Noah Harari, una revolución mitopoética—, a la revolución agrícola del Neolítico, hasta llegar a otras diversas revoluciones urbanas, industriales o tecnológicas. Hemos sido deudores de cierta nostalgia de los orígenes, como sugería en su repaso por la modernidad George Steiner. Muchos autores han analizado cómo el motivo del paraíso perdido, del edén primordial y de la edad de oro idílica ha creado la noción de una suerte de degeneración desde un estadio inicial óptimo y justo, de vida pacífica y fraternal y relación privilegiada con el entorno natural, hasta nuestra actual edad de hierro, violenta, injusta y degenerada; esa en la que lamenta vivir el poeta Hesíodo y a la que aspira a volver don Quijote en su celebérrimo discurso a los cabreros.

Pero, tal vez, esta edad de oro nunca existió y la violencia haya estado ligada de forma indisoluble a la evolución del ser humano en diversas etapas, ya desde sus comienzos en las comunidades primordiales de homínidos, que tenían que ejercer una considerable dosis de agresividad para el control de grupos crecientes y clanes entrelazados. Comoquiera que sea, historiadores, filósofos y antropólogos, entre otros, han exaltado, en un hilo que llega hasta hoy, una versión actualizada del mito del buen salvaje y la edad de oro, haciendo de nuestra sociedad urbana, y de la civilización que surge a raíz de la agricultura y se desarrolla desde entonces en progresión imparable y complejidad creciente, un elemento de dominación y de control social y económico despiadado por parte de las diversas élites —políticas, religiosas o económicas— respecto a una mayoría de desfavorecidos: mujeres, niños, pobres, o, sobre todo, enemigos vencidos. «Vae victis!», como reza el adagio latino.

El tema de la violencia en el origen del Estado lo ha examinado, en relación con las primeras civilizaciones, Alejandro Rodríguez de la Peña en su libro titulado *Iniquidad. El nacimiento del Estado y la crueldad social en las primeras civilizaciones*. El volumen comienza revisando las principales teorías acerca del origen de la crueldad y del ejercicio de la violencia en nuestra historia, que parten de la herencia ilustrada y del debate sobre la teodicea y el origen del mal, que podemos ver en Leibniz y en su crítica posterior ya desde el Siglo de las Luces. Es importante aquí la evocación del mito de la edad de oro del pasado, que Rodríguez de la Peña esboza aludiendo a las nociones teológicas o psicológicas posteriores, que van desde Erich Fromm a René Girard. También aparece la incidencia de la religión en el control o monopolio de cierto tipo de violencia ritualizada, como estudiará el citado filósofo francés o Walter Burkert, en su imprescindible *Homo necans*, al analizar la institución del sacrificio en diversas religiones antiguas. Otra perspectiva importante que se adopta de forma teórica es la idea de la «guerra regulada»; el historiador militar John Keegan la intentó asociar a las civilizaciones occidentales desde los antiguos griegos. Este «modo de hacer la guerra regulada» sería el que algunos autores quieren ver como típico de Occidente. Se relaciona con un indicio de civilización y derecho, con un característico «control de daños», como en los choques hoplíticos. Pero esto en absoluto destierra las masacres indiscriminadas en Grecia y Roma. Hay puntos de vista teóricos muy marcados por aproximaciones ideológicas o religiosas.

Lo cierto es que, con los datos desoladores que presenta Rodríguez de la Peña acerca de las masacres políticas, el sadismo, la esclavitud y la crueldad tribal o en el seno del clan familiar —especialmente dirigida a los más débiles, a las mujeres y los niños—, el escenario que plantea este libro es ciertamente terrorífico y nada agradable de leer. Es, advertimos, un libro difícil de digerir, por la cantidad de datos abominables y brutalidades históricas que desfilan a lo largo de sus páginas, desde la historia clásica de las dos grandes civilizaciones griega y romana, que se van enfrentando con los llamados «bárbaros» —aunque en otro libro el autor ha desmitificado un tanto a estas supuestas culturas más sofisticadas— hasta llegar a los orígenes del Estado en el próximo Oriente.

Así, una primera parte del libro, bajo el lema «La crueldad de la selva», examina la violencia tribal de los pueblos que los griegos denominaron *ethne* y *bárbaroi*, sociedades muy basadas en la violencia ritualizada, como, por ejemplo, los antiguos germanos y los celtas, dos grandes etiquetas que sirven como cajón de sastre para englobar a diversos pueblos con muchas peculiaridades propias unidos por una *commonwealth* lingüística, religiosa y ritual. Pese a la humanización de «los buenos bárbaros» que surgirá a partir de la Ilustración, vemos cómo la iniquidad en ellos era también endémica: asesinatos en masa, esclavismo y ordalías sangrientas abundan por doquier, tanto entre los restos de los pueblos del Neolítico como en los estados tribales a los que se enfrentan griegos y romanos.

Pero no es mejor el panorama que nos propone la segunda parte del libro, bajo el lema «La violencia y el nacimiento del Estado»: si bien es cierto que con las grandes ciudades del Oriente Próximo y Egipto, y su organización agrícola y cultural, basada en el calendario de los cultivos y de los ciclos solares y lunares, y en la observación de los astros, parece que se introducen matices racionales o epistémicos en el ejercicio de la violencia —esa suerte de «control de daños»—, todavía siguen cundiendo terribles matanzas hacia los grupos que se consideran ajenos o susceptibles de cierta «deshumanización». En ocasiones, el Estado aparece como un sanguinario Leviatán que sigue reclamando monstruosos sacrificios, tanto entre enemigos bélicos como también, en tiempo de paz, entre los *pharmakoi* (véase a Girard) que han de conjurar los males de las comunidades. El trato a los vencidos, por ejemplo, entre asirios o babilonios y otros pueblos diversos es atroz y no escatima crueldad alguna. Cualquiera que conozca los relieves asirios del Museo Británico sabe de lo que estoy hablando.

Los relieves del palacio de Senaquerib, en Nínive, y también los del palacio de Asurnasirpal II en Kalhu, muestran cómo una de las grandes y sofisticadas civilizaciones de Oriente Próximo, los asirios, conocidos por su gran red comercial y su desarrollo artístico, pueden ejemplificar de forma espectacular la extrema violencia ejercida hacia los prisioneros de guerra. Las flagelaciones, los apaleamientos, los despellejamientos, las mutilaciones, los empalamientos y todo tipo de terroríficas torturas y macabras representaciones —como las montañas de cabezas cortadas o los trofeos de miembros seccionados— aparecen aún hoy ante nuestros ojos, en los grandes museos de Europa, como un recuerdo ominoso de la capacidad del ser humano de organizar la crueldad que transita por nuestra historia, desde los orígenes de la ciudad hasta la Shoah.

En resumen, este estudio —como digo, difícil de asimilar y que no recomiendo leer antes de dormir— no deja indiferente a nadie: nos propone una historia cultural de la violencia y la crueldad en los orígenes del Estado, justamente en la intersección entre los pueblos de organización tribal y nomádica y aquellos sedentarios y agrícolas. Un ensayo que no incurre en idealizaciones ni muestra preferencias, sino que expone crudamente la realidad de los datos históricos y arqueológicos. Un cierto pesimismo sobrevuela sobre sus páginas y se percibe por doquier en ellas, pero, por suerte, se ve matizado también por algunas reflexiones en torno a lo que la civilización puede lograr respecto al control progresivo de la violencia, así como en relación con casos particulares dignos de ser mencionados y con lo que algunos mecanismos y dispositivos de control, tanto religioso como jurídico, han hecho por «atenuar el mal».

Pro patria mori: el ciudadano-soldado, ayer y hoy

«Es dulce y apropiado morir por la patria.» El célebre verso de Horacio —*dulce et decorum est pro patria mori*—, que a su vez se hace eco de la lírica griega —el *to gar Areui katthanen kalon* de Alceo o el «dulcísimo morir» (*thanein glykiston*) que resuena en la poesía de Tirteo, Simónides o Baquílides—, resume a la perfección el ideario del ciudadano-soldado en la política participativa del mundo grecorromano. En efecto, en las ciudades-Estado griegas o en la República romana, una de las dos prestaciones básicas del ciudadano varón era marchar a la guerra, a las campañas de su Estado contra sus enemigos. Lo hacía de forma casi anual. La idea que tenemos hoy en día, en nuestras sociedades participativas, de nuestros derechos y deberes como ciudadanos se ha heredado de aquellas experiencias políticas. Y, sin embargo, ¿está el acomodado ciudadano occidental listo para «morir por la patria»? Puede que nuestra sofisticada y democrática Europa se haya alejado de aquella voluntad de sacrificio por las armas que evocaban Horacio o Tirteo, pero la mala noticia es que, como ya sabemos, muchos otros países no tienen tantos reparos en usar la violencia y armar a su población.

Con ocasión de la guerra de Ucrania, el presidente francés Emmanuel Macron puso el dedo en la llaga al recordar que la guerra no es una ficción lejana y que, en el turbulento escenario actual, los ciudadanos de una Europa que, de forma encomiable, defiende un ideario pacifista, tolerante y ecologista harían bien en no olvidar su obligación de luchar, si ello fuera necesario, para defender su modo de vida. Viene esto también a cuento de la discusión pública que se ha abierto en Europa en torno a la restauración del servicio militar, que hace décadas era obligatorio en muchos países de Europa. Este debate se ha avivado con la eclosión del terrorismo global, pero sobre todo tras la agresión de Rusia a Ucrania y el conflicto en Oriente Medio, que han dibujado un escenario más incierto y turbulento. Algunos de estos países, de tradición pacifista, entre ellos algunas de las democracias más avanzadas del continente, especialmente en el caso de los países nórdicos, desde Dinamarca a Suecia, han optado por una alineación militar más clara en el marco de la OTAN, mientras recuperan la formación militar obligatoria de su población. Aparte de Macron, también el Gobierno del canciller Scholz en Alemania ha hecho una suerte de «llamada a las armas». Tras su desaparición en 2011, también allí se ha vuelto al debate para reintroducir el servicio militar a partir de una propuesta del Ministerio de Defensa alemán, siguiendo el ejemplo de otros países que prescindieron de él, como en el caso de Suecia, que lo eliminó en 2008 y ahora ha decidido reinstaurarlo; un debate que, por otro lado, se ha extendido a Portugal o a Francia.

Lejos de cualquier retórica de patrioterismo, la idea clásica del *pro patria mori* evoca la necesidad de defender el sistema, la familia, la propiedad, el bienestar y la paz por medio de las armas si es necesario. Lo queramos o no, tal idea está indisolublemente ligada al origen de la democracia, en lo estricto, y a la noción de ciudadanía, en lo más amplio, en las primeras sociedades políticas participativas de Occidente, en Grecia y Roma.

Parece que hoy solo Suiza, Israel o Estados Unidos —y, acaso en parte, Grecia, con su largo servicio militar— guardan clara memoria en sus instituciones y procedimientos de la obligada movilización de sus ciudadanías. El arsenal en casa, la instrucción militar del ciudadano o el derecho a llevar armas hoy son cosas que a muchos les suenan opuestas a los ideales democráticos modernos, pero, paradójicamente, están en sus orígenes. La idea de tomar las armas para defender la sociedad construida entre todos fue la base de la *polis* griega, tanto de la democrática Atenas como de la oligárquica Esparta, que incluso en algún momento supieron unirse, pese a sus diferencias, para enfrentarse al enemigo exterior, el despotismo persa, que pretendía aniquilar sus libertades en las llamadas guerras médicas.

Muchas destacadas *poleis* hicieron de la guerra no solo instrumento de defensa, sino también de resistencia, supervivencia e incluso expansión, como la citada Esparta, cabecilla de la Liga del Peloponeso, frente a la poderosa Atenas y su imperio comercial en la Liga Ático-Délica. Las dos potencias militares de dorios y jonios respectivamente habrían de enfrentarse de forma inmisericorde en la luctuosa guerra del Peloponeso. Sobre Atenas pueden verse excelentes libros como el de Laura Sancho (*El nacimiento de la democracia*) o el de Mogens Hansen (*La democracia ateniense en la época de Demóstenes*). El primero analiza la época en que surge el sistema político de Atenas desde las reformas de Clístenes, mientras el segundo habla de su postrer auge después de la guerra del Peloponeso, en el siglo IV a. C. Además, se podrá encontrar un panorama espléndido sobre la política y la intelectualidad, así como sobre el surgimiento de una verdadera esfera pública ateniense, en el libro *El mundo de Atenas*, de Luciano Canfora. Pero también la eterna rival de Atenas ha recibido especial atención crítica en los últimos años. En general, hay que recomendar los libros e investigaciones sobre Esparta de César Fornis, como, por ejemplo, *El mito de Esparta*. Como epítome del mundo espartano tenemos el ensayo de Paul Rahe *Esparta. Historia, carácter, orígenes y estrategias*, que analiza el éxito de dicha ciudad, tras plantar cara a los persas —celebérrimo es el episodio de las Termópilas, que ha hecho verter ríos de tinta desde Heródoto y Diodoro hasta Frank Miller—, gracias a un modelo basado en la capacidad de sacrificio militar de los ciudadanos-soldados, y esa ética omnipresente del morir por la tierra madre, los seres queridos y el sistema político (por más que el suyo nos pueda parecer hoy poco deseable). El libro muestra esta ciudad-Estado, particularmente marcada por la oligarquía militarista —y, por tanto, evidentemente menos simpática a ojos modernos—, pero que en el fondo compartía los elementos políticos clave de Atenas o Roma en cuanto al sistema de asambleas (en el caso de Esparta, la *apella* y la *gerousía*) y magistraturas. Sus dos reyes nos recuerdan a los posteriores cónsules romanos. Un poder ejecutivo con dos cabezas visibles, para que uno pueda dedicarse por entero a la milicia.

La sociedad espartana ha sido mitificada tradicionalmente por regímenes totalitaristas, pero también nos puede enseñar algunas buenas lecciones que aplicar hoy en día, merced a una impactante serie de aciertos y de errores: de ellos podemos aprender aún hoy en estudios como el de Rahe y en fuentes clásicas como Aristóteles, Tucídides o Jenofonte. Entre sus errores, por supuesto, cabe destacar su rígida estratificación social, su carácter oligárquico y represivo, así como su relación ambivalente con el comercio: a la postre esto conllevará su ruina, el morir de éxito cuando consiguiera la hegemonía. Entre los aciertos, la diplomacia, la cohesión social, la excelente estrategia y, curiosamente, el papel de las mujeres, mucho más libre y destacado que el que tenían entre los jonios y, particularmente, en la no siempre justamente alabada Atenas. Estas y otras cosas las analiza de forma ejemplar el citado libro de Rahe. Pero no dejemos de lado el tema con el que comenzábamos: el lema de estar listos para morir por la patria, sin duda, lo compartía plenamente la democracia ejemplar del mundo antiguo, Atenas, con su acérrima rival, Esparta. No sé si la democracia de hoy lo entenderá igualmente frente a los enemigos externos que pueden agredirla en cualquier momento. Pese a vivir momentos de auge cultural, económico o político en Europa, hay que pensar que la historia es una excelente maestra y consejera, como quería Cicerón, y que la preparación para los escenarios bélicos nunca está de más. Es un debate que, en un contexto cambiante como el actual, no ha hecho más que empezar, como se ve en Francia y Alemania. Pese al buenismo generalizado y a los muy loables anhelos de paz, concordia y tolerancia universal en nuestras sociedades occidentales, no sobra volver a los clásicos y recordar otro viejo adagio que también debemos, como los versos de Horacio, al mundo romano. En este caso, el del tardío Vegecio: *qui desiderat pacem, praeparet bellum.*

Antígona en Rusia

Cada día constatamos que los clásicos están de actualidad y que nada de lo que suceda en el día a día —en la actualidad política nacional o internacional, en la sociedad o la cultura— parece ajeno a lo que hace dos milenios dejaron escrito griegos y romanos en sus inagotables obras. Y es que un clásico, como bien dijo Italo Calvino —en lo que ya se ha convertido casi en una definición proverbial—, nunca termina de decir lo que tiene que decirnos. Nada más útil que recordar el nombre de cualquier obra o personaje clásico para que al punto venga a la memoria un patrón de comportamiento, un arquetipo, un motivo o una metáfora que otorgan un entendimiento instantáneo de lo que ha sucedido. Algo así pasó cuando, ante la crisis de la guerra de Ucrania, el representante de la política exterior de la Unión Europea, Josep Borrell, habló del «momento Demóstenes» de Europa. Enseguida vino a la mente la última etapa de independencia de la democracia ateniense, personificada por Demóstenes, frente al monarca totalitario que venía del noreste, Filipo de Macedonia, y que acabaría con las libertades griegas. También, por supuesto, remitía a sus famosas *Filípicas* y a la imitación de estas por parte de Cicerón contra Antonio en el ocaso de la República romana. En fin, la pugna arquetípica entre libertad y despotismo, la palabra y la fuerza, la oratoria y la guerra. Y es que hay antiguos argumentos universales, quintaesenciados en la literatura clásica, con los que la actualidad se puede leer en clave mitológica y estético-literaria: son patrones persistentes que se ven en la narrativa, anclados en la historia y que continuamente afloran en nuestras vidas.

También en la política rusa más reciente vimos a una mujer indefensa alzar la voz ante un déspota: una viuda reclamaba el cuerpo de su marido para enterrarlo y llorarlo, enfrentada a la cerrazón de unas leyes injustas que se lo negaban o retrasaban su entrega. Era Yulia Navalnaya, viuda del opositor ruso Navalni, que representaba ante Putin una antigua tragedia, pues, inmediatamente, brotaron las comparaciones con otro motivo arquetípico, el de Antígona frente a Creonte, que aparece magistralmente tratado en la celebérrima tragedia de Sófocles. Recordemos su argumento: Antígona de Tebas es hija de Edipo y pertenece a una familia marcada por el dolor. Ya sabemos que la tragedia griega ejemplifica todos los tabúes más arraigados de la humanidad —el incesto o la violencia en la familia—, pero también los más hondos dilemas morales. Antígona es hermana de Eteocles y Polinices, que han muerto trágicamente combatiendo en dos bandos diferentes en la guerra de asedio contra la ciudad. Mientras que Eteocles defendía Tebas, su hermano Polinices luchaba en su contra. Pues bien, Creonte, nuevo soberano de Tebas, ha decretado que Eteocles sea enterrado con honores fúnebres pero que Polinices, enemigo del Estado, quede como cadáver insepulto para que las alimañas lo devoren. Antígona no puede permitir que el cuerpo de su hermano sufra un destino tan oprobioso y se enfrenta al rey: la tragedia acaba en catástrofe total, con su condena a muerte y su suicidio, al que siguen el de su prometido, hijo del rey, y el de la reina. Como ha visto George Steiner, esta tragedia encarna el conflicto absoluto: joven contra anciano, mujer contra hombre, individuo contra colectivo, ley natural —la que obliga moralmente a sepultar a un hermano— contra la ley positiva de la ciudad… Tras la catástrofe, el paisaje es desolador. Creonte queda solo, en una tierra baldía, por no querer aflojar la rigidez de la ley. Asimismo, Antígona es inflexible en su determinación. Pero el deber moral está de su parte.

El caso de la obra de Sófocles es paradigmático respecto de la adaptabilidad de un mismo argumento universal —concretado genialmente en una obra de arte total como era la tragedia— a cualquier época en la que se atisben condiciones semejantes: ahí está la pugna casi arquetípica entre razón y sinrazón. La obra fascinó al idealismo y romanticismo alemanes. Hölderlin la tradujo y Hegel la comentó con devoción hablando de ética y política. Luego, en el siglo XX, el de los totalitarismos, Antígona fue representada en momentos de zozobra. Hay una versión de Jean Anouilh, estrenada en París el 4 de febrero de 1944, durante la ocupación alemana, con una Antígona que simboliza la resistencia frente a un Creonte-Pétain. Y una Antígona de Bertolt Brecht (1948) que plantea hondas cuestiones políticas, evocando a un desertor del ejército frente a un Creonte casi nazi. Salvador Espriu escribirá su Antígona en 1939, justo al final de la Guerra Civil, y aludiendo a sus consecuencias. Las Antígonas del «nuevo cine alemán» de Fassbinder y Von Trotta reflejan en sendos filmes (*Deutschland im Herbst* y *Die bleierne Zeit*) el opresivo ambiente de los años de plomo de la RAF, la respuesta dudosa del Estado y el suicidio de los terroristas en prisión.

Las cuestiones que plantea el mito son palpitantes hoy como ayer: en la Atenas del siglo V a. C., la Alemania de los setenta y la Rusia actual. El desafío a la ley positiva, la lucha por la libertad del individuo, qué hacer con el cadáver que plantea problemas al Estado... Pero, frente al cuento popular, no hay moraleja o lección claras. Todo es pura problematización arquetípica. De ahí la riqueza del mito. Por ahora, el cuerpo del ya enterrado Navalny y el desafío de Navalnaya, que continúa en pie, de luto y vulnerable frente a Putin, siguen actualizando viejos patrones narrativos. Si queremos, en fin, entender claves del presente, más nos vale seguir leyendo a los clásicos. Como bien dijo Péguy: No hay nada más viejo que el periódico de ayer, y Homero siempre es joven....

Enterrar al héroe fundador

Este esquema de la narrativa mítica es sencillo: la comunidad no estará en paz y no podrá desarrollarse en plenitud hasta que haya tributado los debidos honores fúnebres al cadáver de su héroe fundador. Este héroe, a veces un semidiós, un rey o un guerrero, es el padre fundador —el *oikistés*, como le llamaban los antiguos griegos— que otrora cumpliera con la misión providencial: el hallazgo de la patria prometida o la invención de un sistema o un contexto estables para sobrevivir, en una suerte de evento cosmogónico que enfrentó a las fuerzas del orden contra las del caos. Su acción heroica *in illo tempore* fue una fundación, la derrota de un monstruo, la solución de un conflicto duradero, la legislación divina o el hallazgo de un objeto mágico. Luego, tras su muerte lejos del hogar primordial, un oráculo indica a la comunidad que hay que encontrar sus huesos, a veces perdidos o expatriados, y enterrarlos en un solar sagrado en el corazón de la comunidad sociopolítica como al que fue, en su momento, su personaje providencial. Será un entierro de especial solemnidad, en la catedral o el ágora, en un panteón concebido como templo donde se mezclan lo cívico, lo constitucional y lo religioso. De ahí emana ese respeto reverencial por parte de las generaciones futuras que se halla en la base del derecho y que tanto lo aproxima a la religión —desde la Ley de las XII Tablas hasta la intuitiva refundación de Roma por parte de Augusto, bajo este epíteto de «Venerable»—, la turbación cuasi religiosa que se siente ante la añeja teología política —o «mitopolítica»— de la que todos venimos y que inspira en cierto modo la institución que fundamos y que, a la vez, nos funda. Es, en fin, un viejo ciclo mitopoético.

Hay ejemplos en la mitología comparada —sobre todo en las mitologías políticas— muy cerca de nosotros. Sin ir más lejos, recordemos el oráculo que recibió la democracia ateniense en el siglo V a. C., curiosamente justo antes de que se lanzara a una aventura imperialista, de que debían recuperar los restos de Teseo, su héroe fundador, hijo de Poseidón y vencedor del Minotauro, que había muerto —según el mito— de forma no muy heroica en la isla de Esciros. Aquí se mezclan de forma muy curiosa la historia evenemencial con la historia mítica. Cimón, líder de la facción conservadora, tuvo que marchar a Esciros —a la sazón ambicionada geoestratégicamente por Atenas— en una expedición mítico-militar. Ahí Cimón halló de forma providencial los huesos de un cadáver de grandes dimensiones que enseguida tomó por Teseo y llevó a Atenas con honores patrióticos para que lo enterraran en el centro del espacio público. Curiosamente, otro tanto ocurrió con la rival Esparta, que recibió un oráculo parejo exhortando a encontrar los restos de su héroe tutelar Orestes: y en el mito, a los de Orcómeno les pidieron buscar y honrar los restos de Acteón.

Si miramos a las antigüedades hispánicas, hace poco saltó la noticia de que varias personalidades han pedido el entierro con honores de Estado —en este momento tan tenso para nuestra *polis*— de los restos de dos reyes visigodos, Recesvinto y Wamba, que yacen, tras varias peripecias, en un poco digno sepulcro en el depósito de la catedral de Toledo. A su muerte, Wamba fue sepultado en Pampliega (Burgos), en el año 688, y en el siglo XIII sus restos fueron trasladados a la iglesia de Santa Leocadia, en Toledo. Luego su tumba, junto con la de Recesvinto, fue expoliada por las tropas de Napoleón en 1808 y los restos de ambos se guardaron en un pequeño recipiente, que ahora se quiere honrar. En Santa Leocadia, donde en tiempos recientes se pensó que estaba el panteón real visigodo, parece que se enterró también a Sisenando y Witiza, y no sabemos si también a Recaredo: este sería el que habría de ostentar el papel de héroe tutelar cuyos huesos habrían de presidir el solar sacro. Otro es el caso del último rey godo, Rodrigo, cuyo desaparecido sepulcro —este acaso menos honorable— se disputan Sotiel Coronada (Huelva) y Viseu (Portugal), según diversas leyendas apócrifas. Más allá, entre mito e historia, queda el de otro héroe fundador, Pelayo, supuestamente en la gruta de Covadonga. Hay tantos ejemplos de tantas historias míticas comparadas de las naciones europeas y de todo el mundo…

En fin, se trata de traer a casa los huesos del héroe fundador. Aunque parezca un viejo recurso de la narrativa mítica, nunca en la historia se ha dejado de emplear, desde el hallazgo afortunado de los restos del supuesto Arturo en la Inglaterra del siglo XII al traslado del cadáver de Napoleón a Les Invalides en una época propicia, o el de Federico el Grande a Sanssouci con la reunificación alemana de 1991. Seguro que a más de un lector ya se le ha ocurrido la evidente comparación con nuestra época, pues el mito siempre está de actualidad. Y es que el régimen que tenemos actualmente, el de la Constitución de 1978, tiene un héroe fundador más allá de toda duda. Juan Carlos I —más allá de luces, sombras o dudas— representa la figura del *oikistés* por excelencia de nuestra comunidad política actual, fundada a partir de cierta cosmogonía política en el proceso, ya mitificado, de la Transición. Ya se piensa en lo que ocurrirá si fallece en el exilio en términos de historia mítica. Sin duda, habrá un plan de Estado. El tributo de los consabidos honores es obligado, pues, independientemente de la política del día a día, se desprende de la narrativa mitológica que nos da sentido, que marca quiénes hemos sido y quiénes seremos. Quizá podría prevenirse una renovada «expedición a Esciros» si se permitiera que el fundador volviera a casa en vida. Ahí trataríamos de otro motivo arraigado en esa narrativa patrimonial: el retorno del héroe crepuscular. Pero acaso la historia mítica se repita inexorablemente, en ciclo de eterno retorno, y hayamos de contemplar el cortejo teseico desde el exilio. Veremos lo que nos depara.

Dos mitos cíclicos: el tiempo destructor y el paso al mundo extraordinario

Me gustaría evocar ahora dos esquemas cíclicos de la narrativa mítica que tienen cierta vigencia: en primer lugar, el paso del tiempo destructor, la idea del *tempus fugit*, entre poesía y filosofía.

Cuando acaba agosto y comienza septiembre suele invadirnos una nostalgia cíclica. El mes último de los dos que llevan el nombre de gobernantes romanos está marcado por un cambio del clima y del humor. Al fin hemos logrado olvidar la rutina y la pausa vacacional se ha convertido en una verdadera ruptura del tiempo. Sin embargo, ya se atisba en el horizonte la necesidad de volver a las actividades cotidianas. A finales de agosto, los relojes parecen detenerse y nos regalan lapsos inasibles durante los que uno puede pararse a mirar las nubes, las estrellas o la naturaleza. Lejos del móvil y del ordenador, que incluso se quedan abandonados sin batería. No obstante, con la cercanía del comienzo del curso, de repente, nos encontramos otra vez mirando el calendario y el reloj. Estos ingenios de medición del tiempo —ahora sustituidos por el móvil— son especialmente crueles en estas fechas. Es entonces cuando realmente nos damos cuenta de cómo pasa la vida y de cómo, por tanto, advendrá inexorable el final de las cosas. Pienso ahora en cómo los antepasados de nuestros móviles y calendarios digitales, los viejos relojes de sol, nos recuerdan con lemas inscritos en ellos, normalmente en latín, la fugacidad del tiempo y de la vida humana.

Si hacemos un rápido repaso a estas hermosas frases, muchas veces extraídas de la literatura clásica, constatamos la persistencia y las variaciones del tema del *tempus fugit*. Tal vez, para los que amamos los relojes y la cultura clásica, la nostalgia de este momento cíclico sea aún más hiriente. El reloj de sol marca las horas y a la vez nos recuerda que «todas hieren, pero la última mata» (*omnes vulnerant, ultima necat*), como dice un muy conocido lema que parafrasea al gran poeta romano Horacio. Y es que estos lemas están llenos de poesía y filosofía clásica, en la conjunción única que supieron lograr los griegos y los romanos, desde Arquíloco y Mimnermo a Lucrecio y Horacio, proporcionando material para la reflexión sobre el paso de las edades.

Las variaciones sobre el tema de la fugacidad del tiempo son innumerables (*hora fugit*, *ruit hora*, *tempus fugit*, *tempus volat*, *vita fugit*...) ante la celeridad y la oscuridad de todo. La realidad terrenal es sombría y nocturna (*velut umbra*, *umbra sumus*, *mox nox*...) y nos recuerda nuestra triste condición material (*pulvis sumus*). Se nos exhorta, como en el *motto* horaciano (*carpe diem*), a aprovechar la existencia en lo posible (*fruere hora*, *dona praesentis cape laetus horae*). No hay que contar las horas que pasan, sino saber utilizarlas bien (*utere, non numera*) porque nunca volverán (*non reditura*). Ya es tarde, más de lo que pensamos (*serius est quam cogitas*). Todo pasa demasiado velozmente (*sic labitur aetas*, *sic transit*...) en la atroz carrera de las manecillas del tiempo devorador de las cosas (*tempus edax rerum*). Hay lemas ominosos, como cuando el cruel *gnomon*, el objeto que produce la sombra de los relojes de sol, nos espeta: «Mira mi sombra y verás tu vida» (*meam vide umbram, tuam videbis vitam*). Otras veces nos comenta con algo más de ironía: «Sin el sol me callo» (*sine sole sileo*). Hay lemas humorísticos, pero la mayoría insiste en recordarnos la fugacidad de todo lo humano (*memor esto brevis aevi*, *memento mori*, *vivere memento*). Ya se ve lo filosóficos que son los latines de los relojes que nos hemos entretenido en recopilar. Y hay muchos más.

Pero ¿cómo aprovechar la vida? Volvamos a Horacio, al epicureísmo del gran poeta del *carpe diem*. Los romanos recomendaban el buen ocio intelectual en tiempo de asueto (*otium cum dignitate*) para utilizar el tiempo de la mejor manera (*altera pars otio, pars ista labori*) y cumplir bien nuestra misión. La vida es mejor con la divisa de Augusto, que inspiró al humanismo y la ciencia, «apresúrate lentamente» (*festina lente*), que Goethe traduciría como *Eile mit Weile*. Los relojes alternan epicureísmo y estoicismo cuando aconsejan este tipo de vida, entre una productividad estudiosa y fecunda, y un disfrute de la vida entre personas amadas y placeres moderados (*nunc est bibendum, amicis qualibet hora, semper amicis hora*…). Para ello, lo mejor es regresar al gran Horacio, al poeta-filósofo, elogiado y glosado en el libro de Charles Senard *Ser estoico no basta: sabiduría epicúrea para vivir el presente*.

El poeta del *carpe diem* es también el del vivir tranquilo (*beatus illle*), apartado del foco y el ruido (*aurea mediocritas*). Horacio nos recuerda la fugacidad del tiempo (*eheu fugaces… labuntur anni!*) y nos da claves para filtrar el vino de la vida y del arte como antídotos ante la brevedad de la existencia, mostrando siempre serenidad ante dolores y placeres (*aequam memento* [...] *servare mentem*). Tener siempre presente la muerte, en este nuestro agosto que agoniza, logrará que saquemos lo mejor posible de nuestra vida. Este consejo epicúreo de Horacio es común con el estoico Marco Aurelio: piensa siempre que el día presente es el último de tu vida (*omnem crede diem tibi diluxisse supremum*) como la mejor guía para lo que vayas a hacer. Un mes muere, vivamos el siguiente mientras podamos.

El segundo esquema cíclico es el del paso del mundo ordinario al extraordinario, como una manera de hacer de nuestra experiencia cotidiana —nuestro fugaz paso por el mundo— una aventura continua.

Hay un momento esencial en el ciclo de los héroes de los mitos y los cuentos mitológicos: el cruce del umbral entre el mundo ordinario y el mundo especial, que da comienzo a toda aventura. En un principio, nos encontramos con el escenario habitual de nuestras vidas (lo que hoy los pedantes llamarían «la zona de confort»), la casa familiar, la aldea, la comarca, o la Tierra Media; ese mundo, en fin, que habitamos diariamente, con su galería de personajes familiares que vemos en los trabajos y en las escuelas, entre parientes y personajes cotidianos. Es el grado cero de toda aventura. Llevamos una existencia marcada por lo ordinario y por la rutina de todos los días. Pero ese mundo es imperfecto, agobiante, o bien nos llega a aburrir mortalmente hasta que, en cierto momento, hay una disrupción, representada muchas veces por un desafío, una carta o un mensaje que hay que responder: en ocasiones, es la constatación de una carencia, una falta, un pecado, una desaparición. Parece que faltara algo en ese mundo idílico de nuestra comodidad rutinaria: era algo intuido que salta a la vista justo entonces. Sigue la llamada a la aventura, a veces un reclamo realmente banal, que hace que el héroe trascienda lo aparente y lo cómodo para sumergirse en un mundo diferente.

Entonces se da el paso al mundo especial. Muchas veces existe de incógnito, plegado al otro lado de lo cotidiano; se puede desplegar con un acto insignificante, como doblar la esquina, mirar a través de un espejo o un cuadro, dentro de un armario, buscar entre las páginas de un libro, en las notas de una sinfonía o ponerse un anillo o una capa. Los teóricos de la mitología y del cuento maravilloso, formas esenciales y populares de la narrativa patrimonial, han escrito mucho sobre este paso entre el mundo ordinario y el extraordinario. Recordamos, por ejemplo, los tratamientos paralelos de Vladímir Propp y Joseph Campbell. Otros mitólogos y estudiosos han tratado repertorios de diversas formas sencillas de narración, tanto literaria como filosófica o religiosa, fábulas, ejemplos y muy a menudo parábolas o apólogos, con este esquema del viaje existencial, sapiencial o aventurero. Todo ello, se olvida a menudo, es también una clave para un aprendizaje extremadamente útil en la vida. Y es que la literatura y la filosofía nos ayudan a entender la existencia como una peripecia de eterno descubrimiento, un viaje redondo entre el nacimiento y la muerte —la historia de una ida y una vuelta, parafraseando a Tolkien—, que tiene su trascendencia indudable en el espejo de los otros, los que nos han precedido y los que vendrán.

Buscamos el otro lado, el más allá, en el paso a un mundo especial, un bosque encantado o una cueva sobrenatural que nos desvela el misterio del mundo. Así se ve en los mitos de diversas latitudes, las aventuras de Perseo, Hércules, Buda o Cúchulainn, en pos del paso al otro lado para alcanzar el conocimiento, el reino o la trascendencia. La filosofía sigue a veces un esquema similar. En cierto modo, los diálogos de Platón también describen una aventura filosófica en diversos escenarios, un paseo junto al Iliso, una peregrinación a una cueva sagrada, una invitación a una cena algo especial... La escenografía nos ayuda a situarnos en la vida cotidiana y urbana o rural. Luego se produce la ruptura a través de mitos y alegorías en el interior, que nos guían por el mensaje filosófico del diálogo, como esa caverna en la que estamos encadenados, o el ascenso por la escalera mística. En el camino del mito filosófico, como en el del cuento maravilloso, hay auxiliares, objetos mágicos, un cruce del umbral y, sobre todo, un regreso con el elixir.

También la narrativa posterior, sobre todo la destinada a los más jóvenes —pienso en Barrie, Carroll, Frank Baum, C. S. Lewis, Tolkien, Hesse y otros muchos—, ha tratado con predilección el cruce del umbral que lleva al mundo extraordinario. A veces, ese tránsito no está custodiado por criaturas terribles, como las sirenas o la esfinge, que preguntan la contraseña para desprendernos de nuestra vieja identidad, sino que, como en *Alicia en el País de las Maravillas*, los auxiliares, los mediadores y los umbrales son un mero picaporte, un conejo blanco, unos pasteles o bebedizos de salón de té, que conducirán al jardín del más allá. Y es que tras lo cotidiano y aparentemente banal se encuentra la ruptura hacia la peripecia.

Lo fantástico, lo único y lo sobrenatural animan y dan sentido a nuestras vidas. También podemos buscar el misterio en lo cotidiano: en los elementos más insospechados del día a día se esconden los portales hacia lo extraordinario. Viene esto a cuento también del regreso a nuestras vidas ordinarias tras cualquier paréntesis cíclico en la rutina, como las vacaciones de verano o las festividades navideñas. Se puede indagar en lo extraordinario —el mundo festivo es un paréntesis de lo cotidiano— al volver ahora a lo ordinario. A veces, esto se hace con desazón, tras lo excepcional o lo festivo. Pero ¿por qué no seguir buscando en nuestro mundo de regreso a lo rutinario los pasajes ocultos que conducen a lo extraordinario? En lo cotidiano están latentes la oportunidad, el riesgo y la aventura de escudriñar un poco en el otro lado.

La narrativa patrimonial, en la que se basan el mito y el cuento maravilloso, utilizada con preferencia por la filosofía y la religión, nos ayuda a soñar con esos mundos. Pero, atención, que no son solo meras ensoñaciones o utopías escapistas ante los problemas del día a día. Muy a menudo aportan verdaderas soluciones prácticas para la busca de la felicidad. Así lo ha entendido siempre la humanidad, valorando como una de sus más altas realizaciones esa literatura patrimonial que nos hermana en una gran familia y nos explica, una y otra vez, la gran aventura, el gran misterio de nuestras vidas.

Pedir la luna

«Pedir la luna» es lo que hacen los soñadores, pero también los oportunistas en las negociaciones a brazo partido: suele ser lo único que les falta a los partidos bisagra en los mercadeos tras unas elecciones y antes de cualquier investidura… Pero no teman, que no voy a hablar aquí de la política del día a día y de sus inseparables miserias. Sería una temeridad algo vulgar por mi parte, por muy urgente que a veces pueda parecer, pues hay cosas más importantes: las de la vida y las de la muerte (que son, por cierto, también las de la literatura, los cuentos y los mitos que las acompañan desde tiempo inmemorial). Solo que en la llamada «nueva política» española, desde comienzos del siglo XXI, la expresión «pedir la luna» suele venir a la cabeza al hilo de aquellas negociaciones de geometría imposible, cuando no cambalaches.

Y es que hay que recordar que el deseo, desde el punto de vista etimológico clásico, tiene que ver con mirar a los astros. En latín, *desiderare* significaba «esperar algo de las estrellas» (*sidera*, plural de *sidus*) y, por extensión, también pedir algo de ellas (*petere*). De ahí el francés e italiano (*desiderare/desiderio*, *désir/désirer*), aunque nuestro sabio etimológico, Corominas, prefiere ver en la voz *deseo* un étimo latino erótico, el *desidium* (por eso tal vez el matiz sensual que me recuerda al universo Almodóvar), habiendo existido también en español el cultismo, *desiderio*, que remonta al origen estelar. Y desde ahí hay solo un paso a la frase *lunam petere*, pedir la luna, que no es una paremia del mundo clásico, sino que tiene más que ver con el humanismo y acaso con el despegue, en la misma época, de la astronomía.

La luna representa el deseo nostálgico, el anhelo por lo imposible y el viaje onírico a la utopía, característica de la poesía, los cuentos infantiles y los relatos maravillosos. Venerada como diosa desde antiguo, casi siempre una mujer poderosa que regula los meses de los animales y las mareas, la observamos desde antiguo con cierta melancolía —marca, esta, de Saturno—, con el ansia de alcanzar un mundo mejor y con el desengaño, de triste ironía, de no lograrlo. Que deseamos imposibles, estrellas o lunas (*per aspera ad astra*, dice el viejo adagio latino que ha inspirado a Elon Musk en su carrera espacial) lo prueba la larga historia del anhelo por tocar la Luna, que, en lo positivista, se vio culminada acaso por la expedición del Apolo 11 en 1969, anticipada de forma visionaria por Jules Verne en su *De la Tierra la Luna* (1865). Otro pionero, C. S. Lewis, anticipaba que ese momento, el de hollar nuestro satélite, acabaría tal vez con la magia del deseo poético de la luna. Pero si el sueño de la ciencia se concretó en aquel viaje de los astronautas —ahora parece que es Marte lo que más los atrae—, los anhelos lunáticos y utópicos me parecen inextinguibles.

Ya antes de Verne hay una apasionante serie de viajes lunares, fantásticos, oníricos y utópicos, anticipados desde la Antigüedad. El primero de ellos es el de los *Relatos verídicos* de Luciano de Samósata (siglo II), al que tanto admiró Voltaire, que es irónico y deliciosamente divertido. El tema del viaje lunar —no solo como divertimento, sino con matices científicos, filosóficos o incluso esotéricos— tiene una larga historia que pasa por el Medievo y el Renacimiento (Dante y Ariosto, con el viaje lunar de Astolfo para buscar el juicio perdido de Orlando) y desemboca en la moderna astronomía. A ese propósito me gusta recordar los relatos que he tenido el honor de recoger en un libro con Carlos García Gual, una antología de algunas de estas viejas aventuras lunares: *Utópicos, pioneros y lunáticos. Relatos de viajes a la luna antes de Julio Verne*.

Entre brujería y ciencia, la magia del viaje onírico del mago Torralba, evocado por don Quijote, en la España de la Inquisición (y luego investigado por Caro Baroja) da paso a los viajes con pretensión astronómica de Maldonado o Kepler en el siglo XVII. Al tiempo, en dos textos insólitos, los obispos ingleses Godwin y Wilkins teorizan sobre las posibilidades reales de explotar el mundo lunar: ¡qué diferente sería, como se ve en ellos, su colonización dependiendo de si la llevaran a cabo el Imperio español o el británico, católicos o protestantes, evangelizadores o comerciantes! Hay otros rastros que nos llevan a Defoe y a Poe, que ironizan con la vida terrestre desde la luna, y por supuesto está la genial expedición de Cyrano de Bergerac. La luna es territorio de poetas, desde Safo y Li Po a Leopardi.

¡Y qué decir del folklore y del cuento maravilloso, humorístico o soñador! Solo hay que pensar en el inefable barón de Münchhausen, colgado del cuerno de la luna, o en los cuatro mozos que fueron a buscar la luna para los Grimm: «Iremos a buscar un carro y un caballo, y nos llevaremos la luna. Aquí podrán comprar otra». Alcanzar la luna es el imposible que consiguen los héroes de cuentos infantiles modernos tan conmovedores como *Papá, por favor, consígueme la luna*, de Eric Carle (1986), *¿A qué sabe la luna?*, de Michael Grejniec (1993), o *Fonchito y la luna*, de Vargas Llosa (2010). En ellos, la luna se alcanza por su reflejo en el agua. En fin, que, pese al Apolo 11 o a Elon Musk, la luna no ha perdido un ápice de su encanto. Habría tal vez dos cosas que preguntarle. Una la que dice el pastor errante de Leopardi: «¿Qué haces tú, luna, en el cielo?». La otra, si es verdad que, como quieren Ariosto e Italo Calvino, las cosas que se pierden en la Tierra van a parar a ella. Quizá allí encontráramos el juicio perdido de nuestros políticos.

Mitos y mundo contemporáneo. De Hesíodo a David Bowie

«Ground Control to Major Tom / Ground Control to Major Tom / Take your protein pills / And put your helmet on.» Cómo olvidar la peripecia, alienante y mitológica, del astronauta Tom, orbitando en torno a su cápsula como un Odiseo espacial que ha perdido su rumbo y que, a diferencia del rey de Ítaca, ya nunca volverá a casa con su añorada esposa: «Tell my wife I love her very much, she knows». Es la legendaria canción *Space Oddity* (Rareza espacial) de David Bowie, publicada el 11 de julio de 1969, solo cinco días antes del lanzamiento del Apolo 11, e inspirada por Stanley Kubrick, que había filmado la que sin duda constituye la mayor producción mitopoética del cine del siglo XX, *2001: A Space Odyssey*. Pero el fallido retorno del nuevo Ulises desde los astros se convertiría pronto, en otro de los discos de Bowie, en la venida mesiánica del extraterrestre: *The Rise and Fall of Ziggy Stardust and the Spiders from Mars* (1972). En él, un marciano andrógino y redentor llega a un mundo en crisis apocalíptica para salvar a la humanidad como el «hombre de las estrellas» (*Starman*). Entre ambas etapas del proteico Bowie, que se puede estudiar casi como un héroe mitológico, se halla *The Man Who Sold the World* (1970), de acentos nietzscheanos, con un *Homo superior* como salvador. Le siguen los acordes orwellianos de *Diamond Dogs* (1974), en la distopía del *Big Brother*. Y así podríamos seguir hasta la muerte del polifacético artista en 2016, con su último sencillo y videoclip, *Lazarus*, lanzado el 8 de enero de 2016, dos días antes de fallecer de cáncer de hígado a los sesenta y nueve años.

Una vida de héroe, como el nietzscheano poema sinfónico de Strauss (*Ein Heldenleben*) y como su inolvidable disco *Heroes* (1977), de la etapa berlinesa: Bowie, como personaje y autor lírico, ha sido estudiado últimamente también como paradigma casi mítico por filósofos contemporáneos como Simon Critchley o Theodore G. Ammon. Y es que sus letras incluyen los mitos más relevantes para nuestra modernidad tardía: el retorno del héroe, el mesías o el intruso —que es, en el fondo, el mismo relato desde la perspectiva de la comunidad de origen—, el tiempo cíclico, el cambio de las edades —de la de Oro a la de Hierro, que cuenta el griego Hesíodo en *Trabajos y días*—, el andrógino, la pérdida del edén y la pesadilla apocalíptica. Son esquemas muy amados por la contemporaneidad, desde el cine y el rock hasta las series, los cómics y los videojuegos, en sus muchas relecturas de nuestros añejos y eternos mitos clásicos.

A veces, me gusta decir que los arquetipos del heroísmo contemporáneo, heredado de la vieja mitología griega, tras pasar por el filtro de Nietzsche y Freud, están representados por «la triple ómicron»: es decir, el trío formado por Edipo, Odiseo y Orfeo, pues sus nombres se escriben con esta letra en griego. Bowie los encarna a todos, especialmente a Orfeo, en su viaje al más allá, como el héroe de las mil caras de Joseph Campbell: desde el Swinging London al Manhattan de Warhol o al Berlín de finales de los años setenta, con la mirada puesta, a la vez, en una distopía política y en la innovación del sonido, que acaba relatando la catábasis al infierno de las drogas. También se ve el mito en los muchos avatares del casi artúrico Duque Blanco en el cine: desde el extraterrestre de *El hombre que cayó a la Tierra* (1976) y el vampiro de *El ansia* (1983), al rey mítico de *Laberinto* (1984) —que se lee como una aventura junguiana del proceso de individuación— o a los detectives órficos que encarna en *Twin Peaks: Fuego camina conmigo* (1992) y a la vez en su disco *Outside* (1995), sumido en un mundo delirante, entre laberíntico y lynchiano (*I'm deranged* adorna la película *Carretera perdida*, 1997).

La mitología de Bowie, a la que habría que prestar atención monográfica, es un buen ejemplo de la manera en que los mitos nos alimentan siempre. En el siglo xx, tras los ecos de la filosofía y el psicoanálisis, artistas y pensadores muy variados los evocan y siguen marcando nuestra manera de pensar y de narrar. A ello se ha dedicado una serie de cursos titulada precisamente «Mitos filosóficos», merced a los buenos oficios de los profesores de filosofía antigua Iker Martínez Fernández y Jorge Cano Cuenca. En una primera edición llamada «Mitos filosóficos de la Antigüedad» (2023), se mostró qué resultado puede procurarnos indagar en la relación entre mito y filosofía desde Grecia y Roma, a través de los relatos simbólicos y explicativos que se han convertido en tópicos culturales para la inspiración de pensadores y artistas de todos los tiempos: Sísifo, Zaratustra, Prometeo, Eros, las visiones oníricas de los neoplatónicos, los continentes perdidos de las utopías, y otros muchos temas. En una segunda edición, «Mitos filosóficos y mundo contemporáneo», se llevó el debate a la actualidad, desde los suicidios de los estoicos hasta los andróginos, del laberinto al destino del alma en el más allá, los poderes de invisibilidad o las representaciones del mal. Todas estas nociones y muchas otras han sido evocadas desde los presocráticos hasta Cicerón, pero, sobre todo, por Platón, que es especialmente conocido por el intento de complementar sus doctrinas a través del recurso al mito, la alegoría, la parábola o incluso el cuento proveniente del folklore. De Nietzsche a Camus, de Goethe a Hannah Arendt, del cine franquista a Pixar, como se investiga a lo largo de estas jornadas, hay muy relevantes ecos literarios, artísticos, políticos y filosóficos de los diversos mitos usados en la Antigüedad y de los arquetipos que reproducen. El éxito de público de estos encuentros, que sin duda se consignarán por escrito en forma de artículos o monografías colectivas, hace augurar una larga línea de trabajo, investigación y divulgación sobre nuestros viejos compañeros de viaje en la historia de la cultura: los mitos.

Mito y cómic

La aparición de Superman en *Action Comics*, en 1938, como vio Chris Claremont, guionista de la Patrulla-X (*X-Men*) en los años ochenta del siglo pasado, inaugura una auténtica mitología moderna, que sustituye la de Grecia y Roma, y se inspira fuertemente en ella. En el nuevo imperio, Estados Unidos, cuyos héroes eran los peregrinos del Mayflower o los de la conquista del Oeste, hacía falta una mitología mucho más poderosa. Puede que los superhéroes, como sostienen los estudiosos, nazcan de la convergencia de las tradiciones fantásticas, esotéricas y de la ciencia ficción. Pero no menos importante es la clara influencia del mundo clásico en una línea que va de Hércules a Superman, de Aquiles y Odiseo a Batman y Spiderman.

Mito, arte, literatura, además de la amalgama de la fantasía y la ciencia ficción, han engendrado a los superhéroes en mallas ajustadas a partir de un tipo de héroe clásico muy singular, que bien podemos representar con el Perseo de Cellini. A ello se suman el elemento patriótico —Superman nace peleando contra las potencias del Eje—, el elemento filosófico posnietzscheano —la trascendencia del superhombre ante la «muerte de Dios»— y el elemento psicoanalítico, con especial influencia de la psicología junguiana y su adaptación mitopoética —tan fecunda para la narrativa del cómic, el cine y las series— de la teoría del «viaje del héroe» de Joseph Campbell. Este mitólogo, que ganó popularidad al asesorar a George Lucas para la saga *Star Wars* a partir de antiguos moldes narrativos procedentes de los relatos patrimoniales, es fundamental para entender los guiones del cómic.

Pero no solo los estudiosos de la mitología repararon en la intersección entre dioses y héroes clásicos con los superhéroes del cómic: también la han explorado los propios creadores, guionistas y dibujantes de *comicbooks*. Un ejemplo es Christopher Knowles, autor de cómics y ensayos de reflexión sobre ellos, que en un libro de 2007 presenta una interesante adaptación de la tradición heroica clásica a una taxonomía de superhéroes a partir de fuentes mitológicas egipcias, grecorromanas y nórdicas. Los clasifica en cuatro arquetipos: 1) los hombres mágicos, desde Mandrake a Linterna Verde, 2) los mesías altruistas, que sufren o se sacrifican por los demás, desde Superman al Capitán América, 3) las amazonas, que son su contrapartida femenina, y 4) los gólems o antihéroes, que actúan por venganza y rabia, como Batman o Lobezno. Además, diversos estudios han analizado la influencia sobre el cómic de las ciencias de las religiones y la mitología comparada. Un autor de referencia es Neil Gaiman, famoso por su *American Gods*, que analiza el enfrentamiento de los viejos dioses del mito con nuevas e inquietantes deidades como la globalización y el mundo digital del tardocapitalismo. No hace mucho se ha publicado en España, en formato cómic, su imprescindible recreación *Mitos nórdicos I-II*.

Estos estudios sobre superhéroes, mito y religión proponen interesantes taxonomías, desde héroes evidentemente míticos, como Thor o Wonder Woman, basada en las amazonas, a los clásicos Superman o Batman de la edad de oro del cómic, con ciertas características esenciales del héroe arquetípico de Campbell o Propp: los padres perdidos, la idea de restituir la justicia, la contraposición con los humanos normales, el juego de las identidades enmascaradas, la ordalía con el *alter ego* y otros muchos elementos. La tipología del superhéroe tiene añeja filiación religioso-filosófica, desde el mesías judeocristiano que es Kal-el (Superman), el oscuro Batman como *Übermensch* nietzscheano, la argonáutica Patrulla-X, el imperfecto Spiderman, el turbio y problemático Iron Man, que representa la fe fallida en la tecnología, y el psicoanalítico Hulk.

Tenemos la suerte de contar en España con estudiosos de primera del cómic, como Pedro Angosto, autor lleno de intuiciones y saber mítico, que investiga el cómic y su relación con la mitología, y que ha publicado dos breves ensayos imperdibles para todo aquel que ame el cómic de superhéroes y desee conocer más sobre sus implicaciones culturales: *Superhéroes: una historia del cómic americano* (2022) y *Sandman vs. Lucifer. Esperanza en el Infierno* (2023). En la primera obra, Angosto traza una somera historia del cómic, estructurándola en las edades hesiódicas que marcan el devenir de la mitología griega: la clasificación degenerativa comienza con la edad de oro (la de Superman y Batman), y continúa con la de plata (la de Spiderman, mucho más problemático y atormentado, lleno de pecados que expiar), la de bronce (acaso la más interesante) y la de hierro.

En estas, nuestra generación está marcada por experimentos como los de Jack Kirby, de clara inspiración mítica, en su *Cuarto mundo*, una metaserie de cómics de DC (1970-1973) que hablan de nuevas divinidades, *New Gods*, *Forever People*, *Eternals* y otras categorías que se empiezan a acuñar desde los setenta. Sus postrimerías llegan hasta la versión fílmica de *Eternals* en 2021 o, en una versión más problematizada, a la citada *American Gods*, convertida en exitosa serie de Prime Video (2017), con unos dioses de diversas latitudes que confluyen en un exilio norteamericano. Su artífice, el citado Neil Gaiman, escribe también *Sandman* (DC, 1989), cómic imprescindible al que Angosto le dedica su segundo volumen. En él, se estudia la raigambre mítica de Sandman como héroe caído que ha de regresar del mundo trascendente. Si en el primer volumen Angosto ofrece un panorama sintético del devenir del superhéroe, en este segundo libro, prologado por Luis Alberto de Cuenca —otro gran amante del cómic y del mito—, se ofrece una estupenda primera parte con un estudio e interpretación de los ciclos míticos de la narrativa del cómic. En la segunda se examina *Sandman* en todas sus entregas y versiones, también la serie de Netflix (2022), un nuevo icono mítico audiovisual.

El crepúsculo de los superhéroes en la edad de bronce y de hierro tiene interesantes matices políticos, sobre todo desde los años ochenta, con la crisis económica y ecológica, y la reconversión industrial en Estados Unidos y en el Reino Unido, retratada en obras emblemáticas como las de Frank Miller y Alan Moore: pienso en *La cosa del pantano*, *Watchmen*, *V de Vendetta*, *Sin City*, *Batman: el caballero oscuro* y otras con una clara inclinación a ofrecer historias politizadas que problematizan la orientación democrática o totalitaria de cada tipo de héroe y su uso como mitología nacionalista. Muy lejos quedan los lugares comunes y las indudables certezas del gran Superman, marcado por los ideales de justicia, libertad y verdad ligados al sueño norteamericano tras la Segunda Guerra Mundial, primero frente a las potencias del Eje y luego frente al bloque soviético; pero su sombra tiene un largo devenir hasta la revisitación tardocapitalista y problematizada del Superman maduro y oscuro o «batmanizado».

En fin, queda clara la herencia del superhéroe —Superman, Wonder Woman, Spiderman, Iron Man y sus muchos epígonos— respecto de la mitología griega y nórdica, y también cómo se enriquece con elementos variados de la modernidad, desde la psicología a la filosofía, pero también con debates tan actuales como los límites de la ciencia, el declive de la religión, los procesos de industrialización y urbanización como efectos del capitalismo, el nacionalismo o el populismo. El mito, vieja narrativa patrimonial de la tribu, sigue muy presente en todos los discursos creativos de la modernidad.

La ecuación mito y cómic está directamente relacionada con otra: mito y cine, como está bien estudiado. Es curioso que el cine de Hollywood, donde tanto ha triunfado el mundo

Marvel y DC como narrativa *mainstream*, que se inaugura con el *Superman* de Richard Donner (1978), no haya abundado tanto en los problemas mítico-filosóficos del héroe crepuscular, del fin de raza, de la distopía actual que gustan en el cómic desde su edad de bronce. La cuestión del género, acaso, es la única que parece haber impactado claramente, con una amplia nómina de heroínas que, empezando con Wonder Woman, de inspiración clásica, pueblan este universo. También parece abrirse a los héroes marginados: la figura del superhéroe débil o disfuncional ha gozado de cierto predicamento en los últimos años, así como la idea de los superhéroes que son relegados hasta que finalmente han de regresar. Pero estos arquetipos son antiguos y se encuentran ya en el mito y el cuento maravilloso, tanto las heroínas como el héroe débil. Por mucho que se quiera presentar como novedad, ni el cruce de los límites del género ni la disfuncionalidad heroica lo son. *Nihil novum sub sole.*

UN FINAL ABIERTO

En las decisiones de todos los días, o en las elecciones más extraordinarias, nos dejamos guiar por expertos. Lo hacemos en la vida cotidiana, en las compras o en las inversiones; últimamente, incluso nos ponemos en manos de las máquinas, de los programas de cálculo y de los algoritmos para encaminar nuestros pasos en la dirección que creemos más certera. Pero es mejor, al menos en las elecciones más personales, tratar de escuchar una voz con más autoridad, que a veces nace claramente del interior, de la guía de un maestro o acaso de nuestra conciencia. En otras ocasiones podemos encontrar esa guía, como se ha visto en algunas de las páginas anteriores, en los libros y en los temas clásicos que hemos elegido y que, en cierto modo, también nos han elegido a nosotros. En efecto, continuamente en nuestras vidas, en la sociedad, en la comunidad política, en nuestro entorno familiar y personal y con las amistades no dejamos de elegir; también sucede en los libros y en las páginas que mejor nos pueden orientar a través de las emociones y las razones más profundamente humanas. En ese sentido, en las humanidades, el ejercicio de mirar a nuestros antiguos, maestros en la historia, el mito y el mundo clásico, siempre es una decisión acertada; es lo que he intentado mostrar en esta personal selección que buscaba, como quería Goethe, algunas «afinidades electivas» con los autores del pasado, los lectores del presente y los que, de ambas clases, vengan en el futuro.

Claro que en toda opción hay dudas: anhelamos pisar terreno firme y seguro, sobre todo al llegar a las bifurcaciones más turbias del camino heroico que es la vida humana, buscando mentores de prestigio en los momentos difíciles. Pero la propuesta de estas páginas es muy sencilla: se trata de mirar hacia la experiencia del mundo clásico, de aquellos autores y obras emblemáticas a los que investimos de cierta autoridad y de los que derivan una serie de valores, ideas y temas profundamente vinculados a la historia de nuestra cultura y conciencia. Son ante todo aquellos que nos han procurado un sentido de pertenencia, según la célebre expresión de la sociología clásica, un sentimiento de valores y emociones compartidas por un grupo con continuidad histórica, llámese cultura o civilización: esa lectura está basada en un cúmulo de ideas en las que refugiarnos en momentos de duda o crisis, en una inversión segura a la hora de frecuentar a los mejores maestros de la historia y la literatura clásica. Entre nosotros, esa referencia entre mito, historia y memoria la representan sobre todo las peripecias históricas y literarias del mundo clásico —Grecia y Roma— en el que, ya hace más de veinte siglos, se sentaron las bases de la ciudadanía, las identidades y las sensibilidades que definen nuestras sociedades occidentales.

A lo largo de las piezas anteriores he querido proponer una serie de miradas muy diversas y poliédricas sobre la realidad histórica, mitológica e ideológica del mundo antiguo como una suerte de vademécum de temas para la reflexión actual. He querido dar cuenta de cómo percibimos la Antigüedad desde nuestra contemporaneidad y, a la vez, constatar cómo nuestra actualidad está también condicionada de forma indeleble por el largo proceso histórico que remonta al mundo clásico.

En el primer apartado, a modo de breves y rápidas pinceladas impresionistas, se han repasado algunas de las figuras, temas y motivos que más me han llamado la atención en las últimas décadas al pensar en el nexo entre mito e historia, a través de un elenco cerrado de breves epígrafes en orden cronológico que me parecía oportuno enumerar. A continuación, y siguiendo una estructura también numérica en grupos de siete, he presentado ciudades perdidas, hallazgos arqueológicos, gobernantes y filósofos de la Antigüedad que permiten comprender bien la deuda del mundo actual con respecto al antiguo, así como su mutua interdependencia e interconexión. Finalmente, en estos últimos cuadros de la exposición, he trazado paralelos muy variados entre la actualidad y la Antigüedad, pero también he querido traer a colación reflexiones, modelos y ejemplos que pueden servirnos de guía en los debates más variados del presente, tanto en el plano individual como en el colectivo. El camino ha llegado por ahora a su fin, pero es evidente que aún se bifurcará en nuevos senderos, siguiendo esos viejos temas y motivos que permiten hablar de la vigencia intemporal del mundo antiguo.

BIBLIOGRAFÍA CITADA Y GENERAL

Esta bibliografía general contiene, en primer lugar, los libros citados en este ensayo; en segundo lugar, las recomendaciones de lectura para saber más acerca de los diversos temas tratados en él, especialmente, en la primera parte, sobre los 55 breves mitos de la historia; y, en tercer lugar, una selección de recomendaciones generales sobre los aspectos en las restantes partes de este ensayo.

Agudo Villanueva, M. (2024), *Filipo de Macedonia*, Desperta Ferro, Madrid.

Alvar Ezquerra, J. (2001), *Los misterios. Religiones «orientales» en el Imperio romano*, Crítica, Barcelona

—— (2019), *El culto de Mitra en Hispania*, Dykinson, Madrid.

Alvarado, J. (2012), *Historia de los métodos de meditación no dual*, Sanz y Torres, Madrid.

Álvarez Jiménez, D. (2016), *El reino pirata de los vándalos*, Universidad de Sevilla, Sevilla.

—— (2018), *Panem et circenses: una historia de Roma a través del circo*, Alianza, Madrid.

Álvarez-Pedrosa Núñez, J. A. (2010), «La religión del Irán preislámico», en Castro de Castro, D. y A. Striano (coords.), *Religiones del mundo antiguo*, Sociedad Española de Estudios Clásicos, Madrid, pp. 49-72.

Alviz Fernández, M. (2018), *Constantinopla, la nueva Roma*, Gredos/RBA, Barcelona.

Angosto, P. (2022), *Superhéroes: una historia del cómic americano*, Archivos Vola, Madrid.

—— (2023), *Sandman vs. Lucifer. Esperanza en el Infierno*, Archivos Vola, Madrid.

Aristófanes (2006), *Las avispas; La paz; Las aves; Lisístrata*, edición de Francisco Rodríguez Adrados, Cátedra, Madrid.

Arnau, J. (2022), *En la mente del mundo*, Gutenberg, Barcelona.

—— (ed.) (2016), *Bhagavad-gita*, edición bilingüe, Atalanta, Vilaür.

Arola, R. (2021), *Alquimia y religión. Lo oculto en los siglos* xvi *y* xvii, Siruela, Madrid (2.ª ed. corregida y ampliada).

Assmann, J. (2006), *La distinción mosaica o el precio del monoteísmo*, Akal, Madrid (ed. orig. inglesa 1997).

—— (2011), *Historia y mito en el mundo antiguo*, Gredos, Madrid (ed. orig. alemana 1992).

Barceló, P. (2011), *Alejandro Magno*, Alianza, Madrid (ed. orig. alemana 2007).

—— (2019), *Las guerras púnicas*, Síntesis, Madrid.

Barceló, P. y D. Hernández de la Fuente (2014), *Historia del pensamiento político griego*, Trotta, Madrid.

Bartra, R. (1996), *El salvaje en el espejo*, Destino, Barcelona.

BAUZÁ, H. F. (1993), *El imaginario clásico: edad de oro, utopía y Arcadia*, Universidad de Santiago de Compostela, Santiago.
BEATRICE, P. F. (2001), *Anonymi Monophysitae Theosophia. An Attempt at Reconstruction*, Brill, Leiden.
BERNABÉ, A. (ed.) (2019), *Fragmentos presocráticos*, Abada, Madrid.
BERNABÉ PAJARES, A. y J. PÉREZ DE TUDELA (eds.) (2012), «Los centauros», de Miguel Herrero de Jáuregui en *Seres híbridos en la mitología griega*, Círculo de Bellas Artes, Madrid, pp. 187-224.
BERNABÉ SÁNCHEZ, E. (2020), *Signa Iudicii. Orígenes, fuentes y tradición hispánica*, FIDEM, Basilea.
BONAZZI, M. (2021), *Sabiduría antigua para tiempos modernos*, Alianza, Madrid (ed. orig. italiana 2016).
—— (2024), *Criaturas efímeras. Los griegos y el misterio de la existencia*, Alianza, Madrid (ed. orig. italiana 2020).
BRINKMANN, V. (2008), *Bunte Götter. Die Farbigkeit antiker Skulptur*, Exhibition catalog Liebieghaus Skulpturensammlung, Fráncfort.
BURKERT, W. (1992), *The Orientalizing Revolution: Near Eastern Influence on Greek Culture in the Early Archaic Age*, Harvard University Press, Cambridge, MA.
—— (2013), *Homo necans: interpretaciones de ritos sacrificiales y mitos de la Antigua Grecia*, Acantilado, Barcelona (ed. orig. inglesa 1972).
CAEROLS PÉREZ, J. J. (1989), *Los libros sibilinos en la historiografía latina*, Universidad Complutense de Madrid, Madrid.
CALVINO, I. (2015), *Por qué leer los clásicos*, Siruela, Madrid (ed. orig. italiana 1991).
CAMPBELL, J. (2020), *El héroe de las mil caras*, Atalanta, Vilaür (ed. orig. Pantheon Books, Nueva York, 1949).
CAMPOS MÉNDEZ, I. (2006), *El dios Mitra: los orígenes de su culto anterior al mitraísmo romano*, Universidad de Las Palmas de Gran Canaria, Servicio de Publicaciones.
CANFORA, L. (2014), *El mundo de Atenas*, Anagrama, Barcelona (ed. orig. italiana 2011).
CANO CUENCA, J. (2016), *El legado de Asclepio. Medicina hipocrática y corrientes fisiológicas en la Grecia Antigua*, Tritemio, Madrid.
CANTARELLA, E. (1991), *La calamidad ambigua. Condición e imagen de la mujer en la Antigüedad griega y romana*, Ediciones Clásicas, Madrid (ed. orig. italiana 1981).

CARRASCO FERRER, M. y M. Á. ELVIRA BARBA (2023), *Antínoo. El último dios*, Sindéresis, Madrid.
—— (2024), *Mujeres artistas de la antigua Grecia. Creadoras ocultas entre diosas y heroínas*, Reino de Cordelia, Madrid.
CARTLEDGE, P. (2009), *Alejandro Magno. La búsqueda de un pasado desconocido*, Crítica, Barcelona (ed. orig. inglesa 2004).
CHAPINAL-HERAS, D. (2023), *La voz de los dioses, los oráculos y la adivinación en el mundo griego*, Ático de los Libros, Barcelona.
CONDE, J. L. (1993), *El largo aliento*, Destino, Barcelona.
CORRAL, J. L. (2011), *La prisionera de Roma*, Planeta, Barcelona.
CRITCHLEY, S. (2016), *Bowie*, Sexto Piso, México D. F. (ed. orig. inglesa 2014).
DABDAB TRABULSI, J. A. (1990), *Dionysisme, pouvoir et société en Grèce jusqu'à la fin de l'époque classique*, Les Belles Lettres, París.
DAGRON, G. (2007), *Emperador y sacerdote: estudio sobre el «cesaropapismo» bizantino*, Universidad de Granada, Granada.
DE LA TORRE, I. (2024), *Athos, la montaña santa*, Dilema, Madrid.
DODDS, E. R. (1975), *Paganos y cristianos en una época de angustia*, Ediciones Cristiandad, Madrid (ed. orig. inglesa 1965).
—— (1986), *Los griegos y lo irracional*, Alianza, Madrid (ed. orig. inglesa 1951).
DOMÍNGUEZ MONEDERO, A. J. (2001), *Solón de Atenas*, Crítica, Barcelona.
FEICHTINGER, B. y G. WÖHRLE (2002), *Gender studies in den Altertumswissenschaften*, Wissenschaftlicher Verlag, Tréveris.
FERNÁNDEZ FERNÁNDEZ, Á. (2011), *La teúrgia de los «oráculos caldeos»: cuestiones de léxico y de contexto histórico*, Universidad de Granada, Granada.
FERNÁNDEZ VEGA, P. Á. (2018), *Bacanales: el mito, el sexo y la caza de brujas*, Siglo XXI, Madrid.
FORNIS, C. (2019), *El mito de Esparta*, Alianza, Madrid.
FRANKOPAN, P. (2016), *El corazón del mundo. Una nueva historia universal*, Crítica, Barcelona (ed. orig. inglesa 2016).
FUMAROLI, M. (2010), *París – Nueva York – París. Viaje al mundo de las artes y de las imágenes*, Acantilado, Barcelona.
GAIMAN, N. (2022), *Mitos nórdicos I-II*, Planeta Cómics, Barcelona (ed. orig. inglesa 2020).
GALINSKY, K. (1972), *The Herakles Theme: The Adaptations of the*

Hero in Literature from Homer to the Twentieth Century, Blackwell, Londres.
García Gual, C. (1981), *Epicuro*, Alianza, Madrid.
—— (1987), *La secta del perro*, Alianza, Madrid.
—— (1991), *Audacias femeninas*, Nerea, Madrid.
—— (2016), *El sabio camino hacia la felicidad*, Ariel, Barcelona.
—— (2022), *Prometeo. El mito del dios rebelde y filántropo*, Turner, Madrid.
—— (ed.) (2024), Pseudo-Calístenes / Anónimo, *Vidas de Alejandro. Dos relatos fabulosos*, Siruela, Madrid.
García Gual, C. y D. Hernández de la Fuente (eds.) (2024), *Utópicos, pioneros y lunáticos. Relatos de viajes a la luna antes de Julio Verne*, Rosamerón, Barcelona.
García Sánchez, M. (2009), *El Gran Rey de Persia. Formas de representación de la alteridad persa en el imaginario griego*, Universidad de Barcelona, Barcelona.
Gil Fernández, L. (1969), *Therapeia. La medicina popular en el mundo clásico*, Ediciones Guadarrama, Madrid.
Gil González, F. (2023), *Historia de las vírgenes vestales*, Almuzara, Sevilla.
Girard, R. (2006), *La violencia y lo sagrado*, Anagrama, Barcelona (ed. orig. francesa 1972).
Gnoli, G. (2000), *Zoroaster in History*, Bibliotheca Persica, Nueva York.
Goldsworthy, A. (2023), *El muro de Adriano. Confín del Imperio*, Desperta Ferro, Madrid (ed. orig. inglesa 2018).
Gomá, J., C. García Gual y D. Hernández de la Fuente (2024), *Estoicismo romano*, Arpa, Barcelona.
González Gutiérrez, P. (2021), *Soror. Mujeres en Roma*, Desperta Ferro, Madrid.
—— (2023), *Cunnus. Sexo y poder en Roma*, Desperta Ferro, Madrid.
González Wagner, C. (2022), *Las drogas sagradas en la Antigüedad*, Alianza, Madrid.
Han, Byung-Chul (2023), *Vita contemplativa*, Taurus, Madrid (ed. orig. alemana 2022).
Hansen, M. (2022), *La democracia ateniense en la época de Demóstenes*, Capitán Swing, Madrid (ed. orig. inglesa 1999).
Harari, Y. N. (2014), *Sapiens. De animales a dioses: Breve historia de la humanidad*, Debate, Barcelona.

HARTOG, F. (2003), *El espejo de Heródoto*, FCE, México - Buenos Aires (ed. orig. francesa 1980).

HAVELOCK, E. (1994), *Prefacio a Platón*, Visor, Madrid (ed. orig. inglesa 1963).

—— (2008), *La musa aprende a escribir. Reflexiones sobre oralidad y escritura desde la Antigüedad hasta el presente*, Paidós, Barcelona (ed. orig. inglesa 1986).

HERNÁNDEZ DE LA FUENTE, D. (2018), *Breve historia de Bizancio*, Alianza, Madrid (2.ª ed. corregida y ampliada).

—— (2019), *Oráculos griegos*, Alianza, Madrid (2.ª ed. corregida).

—— (2020), *Vidas de Pitágoras*, Atalanta, Vilaür (3.ª ed. corregida y aumentada).

—— (2024), *Pequeña historia mítica de España*, Alianza, Madrid.

—— (ed.) (2024), Marco Aurelio, *Meditaciones*, Arpa, Barcelona (3.ª ed.).

—— (ed.) (2024), Epicteto, *Manual de vida*, Arpa, Barcelona.

INFANTE, E. (2021), *No me tapes el sol. Cómo ser un cínico de los buenos*, Ariel, Barcelona.

IRIARTE GOÑI, A. (1991), *Las redes del enigma: voces femeninas en el pensamiento griego*, Taurus, Madrid.

—— (2002), *De Amazonas a ciudadanos. Pretexto ginecocrático y patriarcado en la antigua Grecia*, Akal, Madrid.

—— (2020), *Feminidades y convivencia política en la antigua Grecia*, Síntesis, Madrid.

JEANMAIRE, H. (1951), *Dionysos: histoire du culte de Bacchus*, Payot, París.

KAGAN, D. (2014), *Tucídides. Guerrero, historiador, cronista*, Edhasa, Barcelona (ed. orig. inglesa 2009).

KAMEN, H. (1997), *Felipe de España*, Siglo XXI, Madrid (ed. orig. inglesa 1997).

KEEGAN, J. (2014), *Historia de la guerra*, Turner, Madrid (ed. orig. inglesa 1993).

KERÉNYI, K. (2010), *Hermes. Conductor de almas*, Sexto Piso, México (ed. orig. alemana 1943).

—— (2004), *Eleusis. Imagen arquetípica de la madre y la hija*, Siruela, Madrid (ed. orig. alemana 1962).

KINGSLEY, P. (2021), *Realidad*, Atalanta, Vilaür (ed. orig. inglesa 2020).

LAÍN ENTRALGO, P. (1970), *La medicina hipocrática*, Revista de Occidente, Madrid.
LANE FOX, R. (2007), *Alejandro Magno, conquistador del mundo*, Acantilado, Barcelona (ed. orig. inglesa 1973).
LILLO, F. (2020), *Un día en Pompeya*, Espasa, Barcelona.
LLEWELLYN-JONES, L. (2024), *Los persas. La era de los grandes reyes*, Ático de los Libros, Barcelona (ed. orig. inglesa 2022).
LÓPEZ BARJA DE QUIROGA, P. (2020), *Julio César: muerte de una república*, Síntesis, Madrid.
LÓPEZ BARJA DE QUIROGA, P., SÁNCHEZ PARDO, J. C. y SANZ SERRANO, R. M. (eds.) (2021), «Contextos del priscilianismo (Gallaecia, siglos IV-VI)», *Gerión. Revista de Historia Antigua*, vol. 39, núm. 2, Ediciones Complutense, Madrid.
MAHONY, W. K. (2022), *El universo como una obra de arte*, Atalanta, Vilaür (ed. orig. inglesa 1998).
MANFRED, A. (2023), *Napoleón Bonaparte*, Akal, Madrid (ed. orig. rusa 1973).
MARINOFF, L. (2000), *Más Platón y menos Prozac*, Ediciones B, Barcelona.
MARTÍN REYES, G. (2004), *Breve historia de la alquimia*, Fundación Canaria Orotava de Historia de la Ciencia, Tenerife.
MARTÍNEZ GARCÍA, Ó. (2006), *Teseo: las aventuras del héroe del laberinto*, Aguilar, Madrid.
—— (ed.) (2021), Epicteto, *Manual de estoicismo*, Edaf, Madrid.
MASSIE, R. K. (2012), *Catalina la Grande: retrato de una mujer*, Crítica, Barcelona (ed. orig. inglesa 2011).
MCCLURE, L. (2002), *Sexuality and Gender in the Classical World*, Blackwell Publishers, Oxford / Malden.
MCMANUS, B. (1997), *Classics and Feminism*, Twayne, Nueva York.
MEYENDORFF, J. (1968), «Justinian, the Empire and the Church», *Dumbarton Oaks Papers*, 22, pp. 43-60.
MOIX, T. (1986), *No digas que fue un sueño*, Planeta, Barcelona.
MOMIGLIANO, A. (1984), *La historiografía griega*, Crítica, Barcelona (ed. orig. italiana 1982).
—— (1993), *Ensayos de historiografía antigua y moderna*, FCE, México (ed. orig. inglesa 1977).
MORENO GALLO, I. (2006), *Vías romanas: ingeniería y técnica constructiva*, Ministerio de Fomento, Centro de Estudios Históricos de Obras Públicas (CEHOPU), Madrid (2.ª ed.).

Musti, D. (1978), *Polibio e l'imperialismo romano*, Liguori, Nápoles.
Nieto Ibáñez, J. M. (2010), *Cristianismo y profecías de Apolo. Los oráculos paganos en la Patrística griega (siglos II-V)*, Trotta, Madrid.
Pajón Leyra, I. (ed.) (2024), Epicteto, *El arte de vivir (en tiempos difíciles)*, Alianza, Madrid.
Pau, A. (2020), *Herejes*, Trotta, Madrid.
Piay Augusto, D. (2019), *Prisciliano. Vida y muerte de un disidente en el amanecer del Imperio cristiano*, Trea, Gijón.
Pigliucci, M. (2018), *Cómo ser un estoico. Utilizar la filosofía antigua para vivir una vida moderna*, Ariel, Barcelona (ed. orig. inglesa 2017).
Piñero Sáenz, A. (2006), *Literatura judía de época helenística en lengua griega*, Síntesis, Madrid, pp. 108-111.
—— (2014), *Jesús y las mujeres*, Trotta, Madrid.
Piquero, J. (2020), *La civilización micénica*, Síntesis, Madrid.
Pomeroy, S. (1991), *Diosas, rameras, esposas y esclavas. Mujeres en la Antigüedad clásica*, Akal, Madrid (ed. orig. inglesa 1975).
—— (2013), *Pythagorean Women: Their History and Writings*, Johns Hopkins University Press, Baltimore.
Propp, V. (2008), *Las raíces históricas del cuento*, Fundamentos, Madrid (ed. orig. Leningrado 1946).
—— (1981), *Morfología del cuento*, Fundamentos, Madrid (ed. orig. Leningrado 1928).
Quesada Mayo, I. (2018), *Los varegos y la Rus de Kiev en el siglo X*, La Ergástula, Madrid.
Rabinowitz, N. y A. Richlin (1993), *Feminist Theory and the Classics*, Londres, Routledge.
Rahe, P. (2024), *Esparta. Historia, carácter, orígenes y estrategias*, Erasmus Ediciones, Sevilla (ed. orig. inglesa 2016).
Redford, D. B. (1984), *Akhenaten, the Heretic King*, Princeton University Press, Princeton.
Renault, Mary (1994), *Teseo, rey de Atenas*, Editorial Edhasa, Barcelona.
—— (2023), *Teseo: El rey debe morir, El toro del mar*, Editorial Edhasa, Barcelona.
Rodríguez Adrados, F. (2013), *El río de la literatura*, Ariel, Barcelona.
Rodríguez de la Peña, A. (2023), *Iniquidad. El nacimiento del Estado y la crueldad social en las primeras civilizaciones*, Rialp, Madrid.

Romero Recio, M. (2010), *Pompeya. Vida, muerte y resurrección de la ciudad sepultada por el Vesubio*, La Esfera de los Libros, Madrid.
Said, E. (2007), *Orientalismo*, Debolsillo, Barcelona (ed. orig. inglesa 1978).
Sampedro, J. L. (1990), *La vieja sirena*, Destino, Barcelona.
Sánchez Hernández, J. P. (2019), *Oriente y Occidente en la Antigüedad clásica*, Síntesis, Madrid.
Sancho, L. (2021), *El nacimiento de la democracia*, Ático de los Libros, Barcelona.
Sanz Serrano, R., *et al.* (eds.) (2020), *Eros Imperat. Poder y deseo en la Antigüedad*, Guillermo Escolar, Madrid.
Schüssler Fiorenza, E. (1989), *En memoria de ella. Una reconstrucción teológico-cristiana de los orígenes del cristianismo*, Desclée De Brouwer, Bilbao.
Seaford, R. (2020), *The Origins of Philosophy in Ancient Greece and Ancient India*, Cambridge University Press, Cambridge.
Senard, C. (2023), *Ser estoico no basta: sabiduría epicúrea para vivir el presente*, Rosamerón, Barcelona (ed. orig. francesa 2022).
Slingerland, E. (2022), *Borrachos. Cómo bebimos, bailamos y tropezamos en nuestro camino hacia la civilización*, Deusto, Bilbao (ed. orig. inglesa 2022).
Sloterdijk, P. (2003), *Crítica de la razón cínica*, Siruela, Madrid (ed. orig. alemana 1983).
Steiner, G. (2020), *Antígonas. La travesía de un mito universal para la historia de Occidente*, Gedisa, Barcelona (ed. orig. inglesa 1979).
Stoneman, R. (1992), *Palmyra and its Empire. Zenobia's Revolt against Rome*, University of Michigan Press, Míchigan.
Temkin, O. (1995), *Hippocrates in a World of Pagans and Christians*, Johns Hopkins University Press, Baltimore.
Thomas, H. (2016), *El señor del mundo. Felipe II y su imperio*, Planeta, Barcelona (ed. orig. inglesa 2014).
Tola, F. (ed.) (2021), *Bhagavad Gītā*, Errata Naturae, Madrid.
Uther, H. J. (2004), *The Types of International Folktales: A Classification and Bibliography. Based on the System of Antti Aarne and Stith Thompson*, Suomalainen Tiedeakatemia, Helsinki.
Valla, L. (2011), *Refutación de la Donación de Constantino*, edición de Antoni Biosca y Francisco Sevillano, Akal, Madrid.

VENTRIS, M. y J. CHADWICK (1973), *Documents in Mycenaean Greek*, Cambridge University Press, Cambridge (2.ª ed.).

VERNANT, J. P. (2013), *Mito y sociedad en la Grecia antigua*, Ariel, Barcelona (ed. orig. francesa 1974).

VEYNE, P. (2016), *Palmira. El tesoro irremplazable*, Ariel, Barcelona (ed. orig. francesa 2015).

VIDAL-NAQUET, P. (2006), *La Atlántida: pequeña historia de un mito platónico*, Akal, Madrid (ed. orig. francesa 2005).

VOGÜÉ, E. M. y N. STRÁJOV (2007), *Dos viajes al monte Athos*, Acantilado, Barcelona.

WARD-PERKINS, B. (2007), *La caída de Roma y el fin de la civilización*, Espasa, Madrid (ed. orig. inglesa 2005).

WARE, B. (2013), *Los cinco mandamientos para tener una vida plena*, Debolsillo, Barcelona.

WATERFIELD, R. (2024), *Platón de Atenas*, Rosamerón, Barcelona (ed. orig. inglesa 2023).

WEATHERFORD, J. (2022), *Gengis Kan y la creación del mundo moderno*, Ático de los Libros, Barcelona (ed. orig. inglesa 2004).

WEBER, M. (1964), «Dominación política y hierocracia», cap. VII en *Economía y sociedad. Esbozo de sociología comprensiva*, FCE, México (ed. orig. alemana 1922), pp. 889-921.

WEST, M. L. (1999), *The East Face of Helicon: West Asiatic Elements in Greek Poetry and Myth*, Clarendon Press, Oxford.

WILSON, C. (2020), *Cómo ser un epicúreo. Una filosofía para la vida moderna*, Ariel, Barcelona (ed. orig. inglesa 2008).

WINCKELMANN, J. J. (2008), *Reflexiones sobre la imitación de las obras griegas en la pintura y la escultura* (ed. de Salvador Mas), FCE, México.

WULFF, F. (2008), *Grecia en la India. El repertorio griego del Mahabharata*, Akal, Madrid.

—— (2024), *A orillas del tiempo: Historias entre mundos dos mil años atrás*, Siruela, Madrid.

YOURCENAR, M. (1986), *Memorias de Adriano* (traducción de Julio Cortázar), Edhasa, Barcelona (ed. orig. francesa 1951).

ZEITLIN, F. (1995), *Playing the Other. Gender and Society in Classical Greek Literature*, University of Chicago Press, Chicago.